인영.

세윤.

독자에게 선물하는
스웨덴세탁소 미발매곡
<Bluebird> 듣기

Prologue

🙂 세윤

모든 일은 예측할 수 없었다.

다만, 흘러가는 대로 매 순간 즐길 뿐이다.

주인장의 말

Prologue

인영

  합정동의 작은 옥탑방에서 'from, paris'라는 앨범을 만들 때만 해도 계약된 4년이 너무 긴 시간 같았고 아마 그 4년이 지나가면 우리는 다른 일을 찾아야 하지 않을까 생각도 했다.

  우리는 이제 활동 9년 차에 접어들었고 어색한 인사를 나눈 후 친구가 된 지는 14년이 되었다.

  19살, 체리 색깔 기타를 든 윤이에게 신입생연주회 때 발표할 내 노래의 기타연주를 부탁하며 장난처럼 작성했던 허접한 계약서 한 장이 우리를 여기까지 이끌었나 싶다.

| 목 | 차 |

1장
우리의 시절

15
한국음악학원

22
그대로의 모습이 좋다

26
#1 돌이켜 보면

32
#2 돌이켜 보면

34
시작

38
윤이

42
#1 최인영

44
#2 최인영

46
Good night baby

53
Good night baby

58
어서오세요 커피빈입니다

61
청춘

64
첫 공연과 우리

68
공연순서 : 세윤인영

2장
스웨덴세탁소의 시간들

75
목소리

82
목소리

84
답답한 새벽

88
우리는 너무 많은 것을

92
Happy Birthday Waltz

93
Happy Birthday Waltz

94
Be your Christmas

96
Just Christmas

98
Magical

100
Magical

104
스웨덴세탁소의 손님들

106
스웨덴세탁소의 손님들

3장
모든 게 처음이라서

113
처음이라서

119
처음이라서

124
할매

129
가족

131
위로의 말

132
위로에 대하여

133
시절

138
안녕

140
나쁜 채식주의자

146
나에겐 심각한 이야기

149
달

151
남포갈비

154
산책

156
집

160
고요

스페셜장
우리의 행복

「뽀뽀」

161
뽀뽀

176
#1 뽀뽀

178
#2 뽀뽀

「여행」

185
여행

188
#1 여행

202
#2 여행

Q&A

Epilogue

220
내가 가진 직업

224
2020

226
Epilogue #1

228
Epilogue #2

1장

우리의
시절

014

한국
음악학원

인영

 꿈은 자주 바뀌었다. '피아니스트가 되고 싶어요'하고 적어둔 메모지가 교실 뒤편에 붙어있던 때도 있었고 '키티'라 불리던 일기장에 '실은 시인이 되고 싶다'고 몰래 적어두기도 했다. 또 얼마간의 나는 메이크업아티스트가 되고 싶기도 했고 싱어송라이터가 되고 싶었던 나도, 뮤지컬배우를 꿈꾸던 나도 있었다.

 피아노 학원에 처음 간 건 6살 때였는데 엄마와 아빠 두 분 모두에게 '피아노'에 대한 로망이 있었고 그 때문에 나는 운 좋게도 꽤나 일찍 '취미'라는 것을 가졌다. 엄마 손을 잡고 아파트 상가 2층에 새로 생긴 '샤론 피아노'의 문을 열었을 때 내가 그곳에 방문한 첫 학생이라며 상기된 얼굴로 우리를 맞이하던 선생님의 얼굴을 아직 기억하고 있다. 첫 원생인 데다 피아노도 곧잘 쳤던 나는 마치 샤론 피아노의 대표 원생이 된 것만 같은 기분으로 아낌없는 사랑을 받으며 씩씩하게 학원을 다녔고 '엘리제를 위하여'라던지 '아드린느를 위한 발라드' 같은 아름다운 곡이 자그마한 내 손끝에서 울려 퍼질 때마다 우리 집의 공기가 더욱 우아하게 느껴진다며 나를 꼬마 피아니스트 쯤으로 여겨주던 부모님의 애정은 내게 피아노 연습 공책에 그려진 포도알에 거짓 색칠을 하지 않아도 될 만큼의 재미와 기쁨을 주는 것이었다.

  고등학교 2학년 학기 초에 나는 입시 준비를 위해 작곡학원에 등록했다. 음대진학을 반대하던 엄마와 애원을 가장한 은근한 협박이 담긴 분홍색 편지를 몇 번 주고받은 후 결국 또 한 번 속아주기로 마음먹은 엄마가 직접 수소문해 알아 온 음악학원이었다. 단호한 엄마의 편지를 읽으며 반은 포기 상태였던 나는 엄마가 건네준 '한국음악학원'의 주소가 적힌 종이 쪼가리를 받아들고 한참 동안 꿈이 아닌지 확인해야 했다. 대단한 곡을 만들어서 이름을 떨치고 싶다든가 하는 거창한 꿈은 아니었지만, 노래방에 갈 때마다 반주기 화면의 '작곡'란에 내 이름이 들어갔으면 하고 품었던 소망에 한 발짝 다가간 것이다.

  화성학 공부는 수학 시간만큼이나 머리를 쥐어뜯어야 했고 피아노는 아예 기초부터 다시 배워나가야 했지만 양팔에 자국이 다 남도록 이 안에 든 게 내가 가진 전부인 양 오선지 공책을 꼭 끌어안고 다니는 내 모습이 제법 마음에 들었다.

  학원 중앙에 있는 큰 테이블에 둘러앉아 2마디짜리 테마를 24마디로 발전시켜나가면서 나와 한국음악학원 친구들은 자주 울고 서로를 질투하고 드물게 선생님이 공책 귀퉁이에 적어주시던 'good!'에 환호하며 성장했다. 선생님은 우리가 써내는 노래들이 모두 각자를 닮아있다고 했다. 같은 테마로 이렇듯 다양한 음악이 탄생하는 것이 놀랍지 않느냐며, 선생님이 우리가 쓴 곡을 연주해주시던 하얀색 그랜드 피아노 위에는 몇 번을 지웠다 썼는지 모를 너저분한 우리의 악보가 켜켜이 쌓여갔다.

가만히 있어도 감정의 폭이 하늘에서 땅으로 요동치던, 그저 같은 교복을 입는다는 이유로 친구가 되던 그때. 좁고 추운 피아노 연습실에서 손가락이 닳도록 연습해도 마음처럼 연주할 수 없었던 베토벤(베 선배님 이라 불렀다)의 고별 3악장을 들으면 열여덟, 교복 치마를 휘날리며 학원으로 뛰어가던 내 모습이 떠오른다. 이따금 학원 근처에서 떡볶이를 사 먹고 오락실에 들러 '보아'와 '동방신기' 노래를 열렬히 울부짖던 열여덟의 내가.

24마디짜리 곡에 점수를 잘 받을만한 어려운 화성을 몇 개씩이나 욱여넣으며 치열하게 곡을 써내야 했던 그때로 돌아가고 싶냐고 누군가 물어본다면 나는 선뜻 '네'라고 대답할 수 없겠지만, 그때 우리가 둘러앉아 나눠 먹은 떡볶이와 퀴퀴한 오락실의 풍경이 이토록 선명하게 남은 것은 그때가 아니면 느껴볼 수 없는 무언가를 내가 가졌었기 때문인지도 모른다.

이제 나는 피아노 앞에서 고별 3악장의 첫 마디조차 더듬더듬 거리지만 내 유일했던 시절은 여전히 그때 미처 올려다보지 못했던 하늘 속 구름처럼 내 머리 언저리마다 떠 있는 것만 같다.

우리의 시절

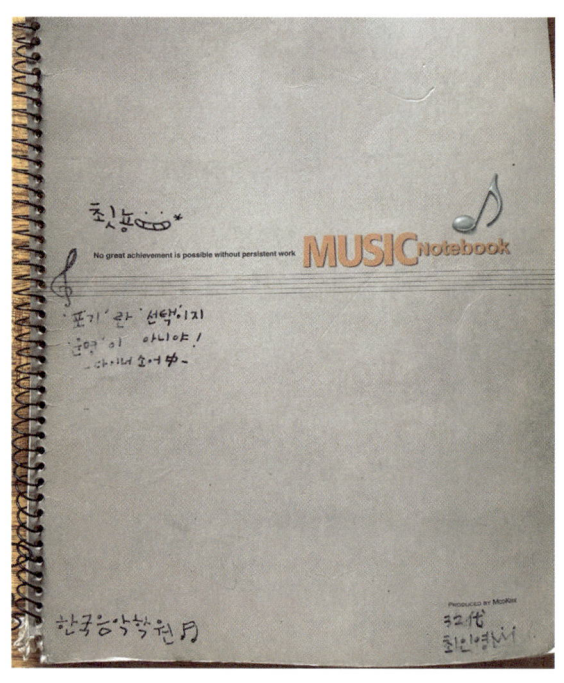

닳도록 들고다닌 오선지공책.
당시 감명받은 명언도 적어두었다.

수학만큼 어려웠던 화성학 공부

우리의 시절

그대로의
　모습이 좋다

🧒 세윤

　가로등이 켜지면 놀기를 멈추고 집으로 뛰어들어가야 한다고 생각했던 것으로 보아 내가 손목시계가 없었거나 시계를 볼 줄 모를 만큼 어린 나이였던 것같다. 그때부터 뭐가 더 좋은지, 뭘 더 하고 싶은지가 중요했다. 동네에서 고무줄을 하는 애들보다 뒤뜰에서 축구하는 애들이 더 재밌어 보였고 자전거를 타기에 불편한 치마보다는 편한 바지가 더 좋았다. (치마를 입고 자전거를 타다가 치마 끝자락이 자전거 체인에 끼이는 바람에 내 허벅지까지 그 톱니바퀴 같은 부분으로 당겨 들어가면서 넘어졌다. 그리고 지금까지도 내 허벅지 안쪽에는 쌀알모양으로 흉터가 남아있다.)

　내 어릴 적 기억은 흐릿하지만 무궁화 나무가 만개해 있던 아파트 뒤편에서, 친구들과 잡아온 메뚜기를 옆 동 오빠가 어디선가 구해온 라이터로 구워 우리에게 먹인 장면은 선명하다. 아무도 원치 않았지만 우리들은 그게 같이 노는 것인 줄 알았다. 나도 눈 질끈 감고 다리 쪽을 살짝 깨물었다.

부모님은 나를 공주 인형이나 핑크를 좋아하는 타입의 아이에 맞춰 넣지 않으셨는데, 그 덕분에 나는 세상을 좀 더 넓고 다양하게 보며 자랄 수 있었던 것 같다. 자전거를 타고 이 동네 저 동네를 우르르 누비고 위험한 비탈이나 아슬아슬한 난간도 서슴지 않고 웃으며 내달렸다. 공놀이가 좋았고 바퀴 달린 것들이 좋았다.

제멋대로 하는 아이였다. 머리는 아무렇게나 뻗쳐있고 재밌는 일을 찾아다니면서 굳이 남에게 예쁨 받으려 하지 않는. 그 아이는 고스란히 내가 되었다.

아직도 자전거와 스케이트보드는 나의 즐거움이고, 테니스를 즐기고, 수어를 비롯해 세상의 언어들을 알아가는 것도 더없이 설렌다. 그것들은 여전히 날 두근거리게 하고 나는 계속해서 재밌는 일과 좋아하는 것들을 찾아다니고 있다. (그럴 수 있다는 것에 감사한다) 지금의 일상을 소중히 생각해야지.

우리의 시절

내가 태어나서 자라는 과정을
하루도 빠짐없이
사진으로 남겨주신 우리 아빠

헝클어진 머리에 개구쟁이 세윤이

우리의 시절

#1
돌이켜 보면

🙂세윤

지금 돌이켜 보면 모든 것이 계획적으로 계획 없이 흘러왔다. 아빠의 낭만은 뮤지컬 넘버를 볼륨 높여 감상하는 것이고, 엄마는 지금도 아름다운 시를 쓰고 마음에 들어온 장소를 그림으로 그리신다.

내 오래된 기억 속에는 아빠가 애지중지하시던 턴테이블과 스피커, 방 한쪽에 쌓여있던 LP판, 차에서 항상 들려오던 음악들, 흥겹게 춤을 추시는 엄마가 있다. 그런 부모님의 영향으로 어렸을 때부터 음악과 가까이 지내왔다. 자연스러웠다. 음악과 함께 자라는 것은.

7살 때부터 피아노 학원을 다녔다. 그때를 생각하면 여기저기 뛰어다니느라 헝클어져 있는 내 머리를 다시 묶어주시던 선생님과 연습곡을 친 만큼 포도알을 색칠하다가 피아노 뚜껑을 닫고 거기 엎드려 자던 것 밖에 기억나지 않지만 피아노학원에 가던 것을 몹시 즐거워했다.

(이상하게 아직도 나는 혼자 기타 연습을 하면 자꾸 잠이 밀려온다) 지금도 그렇지만 엄마와 동네시장에 다니는 것을 좋아했는데 시장 뒷 쪽 골목에는 테이프와 CD가 천장까지 빼곡하게 꽂혀 있는 작고 아늑한 레코드 가게가 있었다. 내가 초등학교 6학년이 되었을 때, 엄마는 생일을 비롯해 축하 할 일이 있을 때마다 새로 나온 팝송 테이프를 사주셨다. 그리고 나는 그것들을 내 보물 상자에 고이 넣어두었다. 보물 상자라 해봤자 명절에 맞춰 나온 선물용 인스턴트커피 상자였지만 그 빨간 상자를 나는 소중히 여겼다. 에이브릴 라빈, 핑크, 저스틴 팀버레이크, 마이클잭슨, 비틀즈 등등. 말 그대로 테이프가 늘어질 때 까지 들었다. 아마 나의 음악적 정체성은 이때 확립된 것으로 생각된다. (영어 듣기 실력도!)

중학교에 들어가던 해, 만화가 천계영님의 오디션을 감명 깊게 읽고 친구들 몇 명을 모아 재미로 밴드를 만들었다.

진짜 연주를 하는 밴드를 하려던 건 아니었고 그냥 밴드, 그룹이라는 게 멋있어 보였다. 밴드는 커녕 실제 악기에서 어떤 소리가 나는지도 모르면서 우리들은 그저 자신과 어울릴 것 같은 파트를 상상해보며 한참을 떠들었다. '나는 멋있는 드럼!', '베이스가 뭔가 멋지지!' 기타는 아무도 하고 싶어 하지 않았다.

'그래 내가 할게, 기타!'

부모님은 나에게 뭐든 시켜주고 싶어 하셨는데, 이러이러해서 내가 기타를 맡게 되었다는 말과 함께 영어학원에서 입시학원으로 가는 길목에 있는 기타 학원을 다니게 되었다. 그리고 곧 일렉기타도 가지게 되었다. 모든 게 일사천리였다. 마치 꼭 일어났어야만 하는 일처럼.

하굣길에 학교 운동장에서 우연히 만난 음악 선생님께 음악실에 있는 드럼을 써도되냐고 물었고, 밴드부 선생님이 되어주실 수 있느냐고 물었다. 그리고 또 다른 날은 우연히 만난 교장 선생님께 우리 학교에 밴드부를 만들어 달라고 했다. (꽤나 당돌했다) 그렇게 이름만 밴드였던 우리는 학교 축제 때 공연을 할 만큼 그럴듯한 밴드가 되었다. 주말에는 번화가에 있는 라이브 클럽에서 공연을 하기도 하고 밴드 이름이 새겨진 명함도 만들었다.

노트 맨 앞에 이름 대신에 '공부가 제일 쉬웠어요'를 쓰고 다닐 정도로 공부도 음악만큼이나 재밌어했다. 신기한 것들을 끊임없이 말하는 선생님의 수업을 좋아했던 것 같기도 하다. 어느 날, 방과 후에 몇 명이 모여 학교 급식소에서 이름 모를 시험지를 풀었고 영재반에 들어가게 되었다. 이 일로 나의 주변 사람들은 나의 미래를 아주 멋지게 그려줬는데 부모님은 내가 어떤 일을 하든 똘똘하게 잘할 것이라고 믿어주셨다. 아마 음악을 하지 않았더라도 내가 좋아하는 뭔가를 재밌게 하고 있었을 것이다.

하지만 나의 10대는 음악으로 가득했다. 공책 사이에는 커트 코베인과 에미넴의 사진이 있었고 머릿속엔 연습하는 기타리프가 맴돌았다. 음악이 좋았고 기타가 재밌었다. 공부도 즐겁게 했고 밴드도 즐겁게 했다. 그렇게 해맑은 채로 고등학교에 갔고 또 밴드부가 되었다. 밴드는 자연스럽게 나의 일부가 되었다.

나비효과처럼 그 만화책 한 권으로 지금의 내가 있다.

우리의 시절

#2
돌이켜 보면

🙂 세윤

고등학교 2학년, 특별할 것 하나 없는 날이었다. 시험 기간이라 주말에 학교로 나와 친구들과 공부를 했다. 좀 쉬면서 떡볶이를 먹다가 갑자기 친구들과 '인생이 너무 허무하다, 공부만 하다가 끝낼 거냐, 진짜 하고 싶은 걸 당장 하자' 하곤 그날 저녁에 간단히 짐을 싸서 서울로 가버렸다. (창원에서 서울은 버스 타고 4시간이 넘게 걸린다) 사람들은 이걸 가출이라고 하더라.

서울에 가서 우리는 어디서 주워들은 '예술하면 신촌이지'란 말을 어설프게 기억했다. 알바를 구하면서 창문도, 화장실도 없는 아주 좁은 고시원에서 셋이 지냈다. 며칠이 지나고 부모님들이 우리를 실종 신고했다는 것을 알게 되었다. 상황이 심각하다는 걸 느끼고 우리는 곧장 가족에게로 돌아갔다. 부모님은 내가 하고 싶어 하는 음악 시켜줄 테니 집에 있으라고 하셨다.

막상 나는 음악을 전공으로 하고 싶어 하는지 몰랐다. 이상하게 이즈음 때 기억이 희미하다. 마치 내 망각 세포가 이 부분이 너무 슬퍼 열심히 지워버린 것 같다. 하지만 아직도 아파트 뒤편 하천을 건너며 며칠 만에 엄마를 만났던 그 장면이 낡은 6mm 캠코더 화면처럼 어렴풋이 떠오른다. 멀리서 나를 보며 걸어오시면서 무슨 생각을 하셨을까. 그리고 엄마는 침묵으로 말을 거셨다. 그 안에 많은 것이 들어있었겠지.

얼떨결에 음악으로 입시를 준비하게 되었다. 우리 부모님의 열정적인 교육 스타일대로 나를 기타 전공을 준비할 수 있는 입시학원에 보내셨고, 주말이면 일주일에 한 번씩 서울로 레슨을 보내주셨다. 방학 때는 서울 사촌 집에 지내면서 유명하다는 기타학원에 다녔다. 그렇게 나는 원하던 대학교의 뮤직프로덕션과에 들어갔다.

시작

🙂 세윤

전공은 사운드 레코딩이었다.

입시와 합격은 모두 기타로 해놓고서는(몇 년 동안 그렇게 기타로 난리를 부려놓고.) 개강 직전에 학과 사무실에서 세부전공을 뭘로 하겠냐고 걸려온 전화에 마치 사은품 고르듯 당장에 이름이 좋아 보이는 것으로 선택했다. 친구와 저녁을 먹다가 한 충동적인 선택이 지금 돌이켜보면 가장 잘한 선택이었던 것 같다. 연주하는 사람은 멋들어지게 연주만 잘하면 된다는 생각이 깨지고, 음악을 만드는 전반적인 것과 사운드에 관해 넓게 보기 시작한 계기였다.

사운드 레코딩을 전공으로 4년 동안 쭉 공부하고, 대학 생활 동안에도 앨범 레코딩 일이라던지, 라이브 공연 음향 일 같은 전공과 관련된 일을 했다. 기타도 틈틈이 쳤고 음악도 꾸준히 만들었지만 직업으로는 엔지니어가 되는 게 당연하다고 생각했다.

4학년 때 인턴으로, 강남에 있는 바쁘고 인기 많은 레코딩 스튜디오에 들어갔다. 유명한 가수들이 매일같이 녹음을 하러 왔다. 하루에 네다섯 시간도 못 자면서 출근하고, 뜨는 해를 보며 퇴근했다. 모든 것이 처음이었고 낯설었다. 하지만 그조차도 재밌었다. 쉬는 날이 한 달에 한 번 있어도 스튜디오로 가서 케이블을 만들었다. 피곤함도 느끼지 못하고 천진난만하게 즐거웠다. 그리고 운이 좋게도 나는 멋있는 사수를 만났다. 일을 해결하는 방식이나 사람들을 대하는 것도 재치있었다. 그에게서 새로운 것들을 한가득 배웠고, 문제가 생겼을 때 해결하는 시간이 좋았다. 지홍이 오빠는 일이 끝나면 자신의 사운드를 연구했다. 4살 차이밖에 나지 않지만, 나는 그를 보며 멋있는 어른을 정의했다.

사회 초년생의 서툰 행동과 말들로 혼나기도 했다. 지금 생각해보면 직장상사를 학교선배 정도로 대했던 것 같아서 아찔하다. 계절을 잊을 만큼 정신없게 바빴고 그게 좋았다. 타지에서 온 내게 스튜디오는 마음의 고향 같았다. 내가 함께 작업한 곡들이 길거리에, 티비에 나오고 있는 것도 신기하고 보람 있었다.

　인턴기간이 끝나 갈 즈음에 일도 익숙해지고 적응도 되었을 때, 불현듯 내가 여태껏 다른 방향으로 흘러왔다는 것을 알아차렸다. 다른 사람의 음악을 함께 만드는 것도 좋았지만 내 음악을 만들고 싶다는 열망이 가슴 속에 늘 있었다. 깊은 고민 끝에 녹음실 실장님께 내가 정말 하고싶은 것에 대해 말씀드렸다. 실장님은 '최고의 옆에 있으면 결정이 쉬워지는 법'이라고 하셨다. 가끔 생각나는 말이다. 레코딩 엔지니어의 생활은 그렇게 마무리하였다.

그 뒤로 막연히 음악을 해야겠다는 생각으로 서울에서 지냈다. 졸업과 함께 서울에 올라온 동기들은 다 취업을 했고 남은 건 최인영과 나였다.

많은 것을 배웠던 고마운 내 첫 직장

윤이

🗨️인영

 신입생 OT가 있던 학교 강의실 자판기 앞에서 밑위가 거의 발목까지 내려오는 희한한 바지를 입은 폭탄 머리의 윤이를 처음 봤다. 긴장한 얼굴로 복도를 두리번거리던 신입생들 사이에서 세상만사 관심 없다는 듯 유유히 율무차를 뽑아 마시던 내 상상 속 '실용음악과 학생'의 모습을 한 윤이를.

 윤이는 아주아주 느린 걸음으로 걸어 다녔다. 수업에 늦고 약속에 늦어도 윤이의 걸음은 한결같이 느렸다. 지각을 한 윤이가 느릿느릿 강의실을 걸어 들어올 때마다 나는 초조했지만 사실 좀 재미있었다. 방실방실 천진한 얼굴로 규율을 깨트리는 그 동작들이.

 윤이와 나는 805번 버스 맨 뒷자리에서 친해졌는데 내 전화번호 뒷자리가 자기 엄마 뒷번호와 같다며 호들갑을 떨어댔고, 별자리가 같다거나, 창원에 있는 친구 누구와 내가 닮았다거나 하는 얘기를 하며 웃었다. (윤이는 508번을 타야 했다)

우리가 알아온 10년이 넘는 시간 동안 윤이가 웃는 거 우는 거, 호피무늬 옷 입기를 좋아하던 애가 핑크색 캐릭터 티셔츠를 사모으는 거, 삼시세끼 삼겹살을 외치던 애가 채식주의자가 되는 거, 핫쵸코만을 고집하던 애가 아이스 아메리카노 없이는 못사는 사람이 되는 거 등 오만가지 모습을 함께 했지만 나는 윤이가 어떤 것에 웃고 어떤 것에 울고 화가 나는 지 알게 되기까지 아주 아주 오랜 시간이 걸렸다. 그렇게 싸우고 화해하고 웃고 울며 우리가 공유해 온 시간들과 어처구니없는 장난들로 가득한 추억 그리고 함께 겪어낸 성장통은 우리 사이의 단단한 무언가를 만들어냈을 것이다. 그 무언가는 우리가 서로를 죽일 듯 노려보고 싸우더라도 다음날이면 태연하게 아침식사 메뉴를 물어볼 수 있게 하고 남들이 이해하지 못하는 개그코드에 둘이서 키득거리게 만드는 그런 힘을 지녔다고 나는 믿고 있다.

우리의 시절

'5월까진 극세사를 덮어야지!' 하다가도 밤이 되면 '열대야'라며 손부채 질을 해대고, 멘사코리아 모임에 나가면서도 '섬뜩'을 '섬뜻'으로 알고 있다거나 남의 의자에 속옷빨래를 널어놓고도 뻔뻔하게 팬티가 귀엽지 않느냐고 물어보는 이 이상한 친구는 아주 자유롭고 행복한 장난꾸러기 할머니가 될 것이다. 그때도 같은 장난을 치고 같은 별명을 부르는 그런 사이가 되자.

* 나에게 윤이가

      센세이션했던 몇 가지 이유 *

- 이빨이 다 보이도록 웃으며 증명사진을 찍은 사람

- 2008년에 카메라도 없는 폴더폰을 쓰는 사람
  (매니아층이 두터운 M사의 '스타텍'이었다고 한다)

- 변기가 없는 집을 구하는 사람
  (본인도 아직까지 의아해함)

- 방에서 신을 슬리퍼로 욕실화를 고르는 사람

우리의 시절

#1
최인영

🗨️세윤

 내가 최인영에게 '최인영'이라고 부르는 건 나만의 애칭이다. '최인영'이라고 애정을 담아 부르는 것이란 말이다!

 최인영을 처음 봤던 장면이 기억나지 않는다. 이 사실을 알면 서운해할 것 같은데 그래도 처음 이야기를 나눴던 순간은 기억한다. 신입생들이 해야 하는 장기자랑을 하기 싫어서 도망가다가 우연히 우리 둘은 학교 버스정류장 앞 어묵 파는 곳에서 만났다. 같이 도망치는 상황이라 그랬는지, 그 이유 모를 짜릿함이 함께 있는 그 시간을 더 스릴있고 친밀하게 했다. 우리는 태연하게 어묵을 먹었고 같은 버스를 탔다.

 최인영과 처음 몇 마디를 나누자마자 나는 얘와 아주 친해질 것 같다고 생각했다. 나랑 비슷한 도덕적 잣대와 유머 코드를 가졌다고 느꼈기 때문이었을 거다.

최인영은 순진했고 모든 행동이 선했다. 어른들에게도 예의 있었고 또 살가웠다. 우리는 서서히 친구가 되었다. 가족 얘기에 울고 같은 것에 화내고, 여러 감정을 공유했다. 우리가 마음을 나누는 시간만큼이나 자연스레 음악을 나누는 시간도 많아졌다. 이 모든 것들이 쌓여 지금의 둘이 하나의 노래를 같은 마음으로 만들 수 있다고 믿는다.

나는 최인영이 만드는 모든 음악이 좋았다. 어쩌면 처음부터 내가 강렬하게 가까워지고 싶어 한 것일지도.

우리의 시절

#2
최인영

🙂 세윤

 우리가 계속 잘 지낼 수 있는 건 서로를 있는 그대로 받아들이기 때문이다. 처음에는 서로 이해를 강요하며 자주 부딪혔다. 둘만 있으면 이렇게나 안 맞을까 하다가도 다른 사람들과 여럿이 있으면 서로만큼 잘 맞는 사람이 또 없다고 너스레를 떨었다.

 최인영에게 물어보지 않고도 서로의 제일 친한 친구는 나라고 크게 외칠 수 있을 정도다!

 (아니면 어쩌지!)

우리는 무려 (사지도 않는)
로또에 당첨되면 반으로 나눌 사이

우리의 시절

Good night
baby

🗨️인영

 윤이는 레코딩스튜디오에 인턴으로 먼저 취업을 했고 나는 광고나 드라마 쪽 음악 관련 회사에 취직을 희망하며 서울행을 결심했다. 그러던 중 윤이의 출근 일정 때문에 우리는 급하게 살 집을 찾아야 했는데 무더운 여름 땀을 뻘뻘 흘리며 돌아다니던 중 신사역 바로 앞에 있는 '리빙텔'에 얼렁뚱땅 계약을 했다. '리빙텔'이라는 이름이 어쩐지 깔끔한 인상을 주었고 그 건물 1층에 있던 고깃집의 인테리어가 건물 입구를 화사하게 보이게 한다거나 하는 단순한 마음이었다.

 기지개조차 마음껏 켤 수 없는 공간에 2층 침대와 투명 유리로 된 화장실이 욱여넣어진 작은 방은 손바닥만 한 창문이 있다는 이유로 월세가 59만 원이나 했지만, 보증금이 없었던 그때의 우리가 할 수 있는 최선의 선택이었다.

 방계약을 하고 집으로 내려와 간단히 짐을 쌌다. 아르바이트를 하며 모아둔 90만 원이 찍힌 통장을 소중히 가방 구석에 넣어두고 옷장에서 가장 세련돼보이는 옷 몇 개와 서울 사람들은 아무 날이 아니더라도 선글라스를 끼고 다니던 친구들의 말을 떠올리며 반월당 지하상가에서 산 선글라스도 챙겨 넣었다. 엄마는 내가 서울 가서 촌스러워 보이지 않도록 백화점에 가서 청바지도 하나 사주었다.

윤이는 방에 짐을 정리할 새도 없이 출근을 시작했다. 아침 아홉 시쯤 출근했지만 퇴근 시간은 매일 달랐고 해가 뜰때 집에 오는 날도 부지기수였다.

나는 낮 동안 같이 상경한 친구 진예국(첫 번째 앨범 'from, paris', 정규 1집 '잠들 때까지' 등 앨범 커버디자인을 맡아주었다.)을 만나 홍대 이곳저곳을 구경하거나 먼저 취업한 선배들에게 '서울생활의 고단함'이나 '노동에 비해 터무니없이 적은 월급'에 대한 푸념을 들으며 시간을 보내다 방으로 돌아왔다.

우리의 시절

윤이를 기다리며 티비를 보다 기절하듯 잠드는 날이 많았고 어렴풋이 눈을 뜨면 윤이는 졸린 목소리로 "최인영 나 다시 출근한다~"고 잠꼬대처럼 중얼거리며 방을 나섰다.

찌뿌둥한 몸을 일으키다 침대 기둥에 부딪혀 멍이 들고 포트폴리오를 보완하고 이력서를 써보다 엄마와 통화를 하면 엄마와 나는 눈물을 참느라 제대로 된 대화를 잘 하지 못했고 아빠는 나를 보내줄 때 '뭐든 하고 싶은 만큼 해봐' 하던 말과는 달리 술에 취한 밤이면 대문 앞에서 내게 전화를 걸어 '영아 보고 싶다 그냥 오면 안 되나' 하고 느릿느릿 말했다.

집안의 귀염둥이 막내딸이었던 내가 둥지를 떠나 애를 쓰는 것이 가족들에게 적응이 안 되는 모양이었다. 그럴 때면 당장이라도 집으로 달려가고 싶은 충동이 일었지만 작은 공책에 빼곡히 적어두었던 '꿈'이라는 것의 무게와 음대진학을 반대하던 부모님에게 '작곡'으로 밥 먹고 살

수있다며 큰소리치던 19살의 내가, 나를 눌렀다.

  세달 쯤 후 손바닥 만한 창문에게 아무런 위로도 받지 못한 채 지쳐가던 우리는 뒤이어 올라온 과 동기 이혜인과 모두의 발전을 다짐하며 작은 오피스텔을 구해 셋이 옹기종기 살게 되었다.

  창문 밖은 바로 옆에 지어진 건물에 꽉 막혀 보이는 회색빛 벽뿐이었지만 리빙텔 창문의 20배 만큼이나 큰 창이 있는 게 마음에 들었다.

  작은 공간이라도 내 몫만큼의 책상 하나를 꾸며보던 설렘은 잠시, 텅 빈 이력서는 아무리 머리를 쥐어짜도 채워지지 않고 자기소개서 쓰기도 점점 지쳐갈 때쯤에 작곡 전공이었던 혜인이와 나는 전공교수님의 추천으로 어떤 광고회사에 포트폴리오를 제출할 수 있었는데 혜인이는 붙고 나는 떨어졌다.

그리고 비슷한 시기에 윤이는 레코딩엔지니어로서는 최고가 되어도 행복하지 않을 것 같다고 말하며 미련없이 녹음실을 그만두었고 그렇게 우리 둘은 백수가 되어 9평 오피스텔에 남겨졌다.

그때 윤이와 함께 우리의 첫 번째 정규앨범에 실린 '굿나잇베이비'의 데모 버전을 만들었다. 윤이가 늦잠을 자는 동안 내가 스케치 정도의 작업을 해둔 것에 밤잠이 많은 나를 대신해 새벽 시간에 더 활동적인 윤이가 기타나 드럼 등의 편곡을 더 해놓은 것을 들으며 내 머릿속에서만 맴돌던 모호한 무언가가 현실이 되어 들려오는 것이 행복했다. 윤이가 체리색깔 기타로 노래에 이런저런 것을 더하면 나는 "이거지 이거" 하며 박수를 쳤고 '내가 좋아하는 윤이 기타솔로'가 새로 녹음한 트랙으로 갱신될 때마다 윤이도 기뻐하는 눈치였다.

뚜렷한 목적은 없었지만 우리는 재미있었다. 짬뽕을 시키거나 하는 간단한 일로도 싸우곤 하던 우리가 음악작업 중에는 전혀 싸울 일이 없다는 것이 신기했고 그렇게 '데모 음원'이라고 불릴만한 것들이 외장 하드에 차곡차곡 쌓여갔다.

미디 장비를 알아보려 들어간 사이트에 '여성 듀오를 뽑는다'는 쇼파르뮤직의 공고가 올라와 있었고 짧게 작업해두었던 'happy birthday waltz'나 학교 졸업작품으로 만들었던 노래 몇 곡을 첨부해 '저희 프로듀싱 해보시면 재밌으실걸요' 같은 해맑고 건방진 멘트와 함께 메일로 보냈다. (우리는 저 멘트 덕분에 뽑혔다.)

몇 차례 이어진 오디션 후 회사에선 자작곡 몇 곡을 더 들어보고 싶다고 하셨고 16마디가 전부였던 '목소리'와 '우리가 있던 시간' '동행' 등 몇 곡을 메일로 보내드렸는데 며칠 후 저녁을 사주시던 대표님이 식당 식탁에서 피아노 치는 시늉과 함께 '목소리만 들어도'로 시작하는 그 노래의 첫 구절을 부르시며 16마디밖에 없는 이 곡에 대한 애정과 확신을 이야기하시던 그 밤에 나는 다시 대구로 내려갈 적당한 핑계를 찾지 않아도 되는, 서울에 머물러야 할 이유와 그럴만한 힘을 얻게 된 것이다.

Good night
baby

세윤

스무 살 즈음,

구깃구깃한 음악 노트 한 모퉁이에 '나 왕세윤은 최인영의 곡에 기타를 쳐준다.'하는 효력이 있는지도 없는지도 모를 우스운 싸인으로 계약서를 쓰고, 팀이 되기 전부터 많은 곡 작업을 함께했다. 하지만 Good night baby는 마음가짐이 달랐다. 이 곡은 우리가 나중에 스웨덴세탁소로 타오를 수 있게 한 작은 불씨 같은 곡이었다. 작업은 원룸 오피스텔에서, 책상 세 개로 공간을 나눈 채, 친구와 셋이서 생활하던 때였는데 해가 뜨면 잠드는 나와 해가 지면 잠드는 최인영과의 우렁각시 권법으로 만든 곡이었다. 우린 서로가 만들어 놓은 것들에 감탄했다.

사실 이때까지만 하더라도 작곡팀이 될 줄 알았다. Good night baby 도 우리가 부르려고 만든 곡이 아니었다. 다른 보컬 전공 친구에게 부탁해 꽤 멋있게 노래 녹음도 하고 인트로 부분에 대화 형식의 나레이션도 추가했었

우리의 시절

다. 작곡팀 이름도 지어가며 매일 기획사 곡 모집 공고를 들여다봤다. 다양한 장르의 곡들을 만들며 순간순간이 재밌었다. 최인영은 작곡가로서의 '취업'에 대한 조급함에 초조했을지도 모르지만 나는 마냥 즐거웠다.

음악을 만들고 연주하는 건 나에게 길티 플레져였다. 어렸을 때부터 '음악을 한다', '기타를 친다'라고 하면 어른들은 대뜸 내 미래의 경제적인 걸 걱정했고 취업 걱정을 했다. 그래서 내 마음 한켠 깊숙한 곳엔 항상 학습된 죄책감이 있었다. 그래서 당연한 듯이 대학이 끝나자마자 '그럴듯한', '월급 받는' 그런 곳에 '취업'하려고 했던 것 같다. 인턴기간을 끝내고 나는 마침내 자유로워졌다. 그 자유로운 아이는 최인영에게로 날아가서 함께 음악을 만들었고 진심으로 좋았다. (레코딩 스튜디오에서 일한 경험은 우리 팀에 소중한 자산이 되었다.)

엥겔지수가 하늘 끝까지 높아졌을 때, 최인영은 알바를 구했다. 그리고 우린 뭐든 도전해 보기로 했다. 그즈음에 지금의 회사 오디션 공고를 발견했다. 우리가 좋아하던 아티스트가 프로듀싱할 팀을 구하는 공고였다. 그리고 오디션을 거의 7차 정도 본 것 같다. 오디션 중에 지금까지도 기억에 남는 질문이 있다. 둘 중 한 명만 합격한다면 어떻게 하겠냐는 것이었는데, 우리의 대답은 '안 하겠다'였다. 역시 의리있다. 마지막 오디션 때는 실장님이 밥이라도 많이 먹고 가라며 위로를 해주셔서 '아, 우린 결국 떨어졌구나' 했다.

우리는 시원섭섭해서 많이 먹었다. 술을.

우리의 시절

며칠 뒤, 정식으로 함께하자는 연락이 왔다. 우리 팀의 시작을 함께 한 회사는 지금의 회사이기도 하고 엉망진창의 데모곡 속에 우리를 알아봐 주신 대표님이기도 하다. 지금은 없어진 그 파스타 집에서, 우리 곡을 얘기하시던 대표님의 애정어린 눈빛에 우리는 안심했다.

*첫 번째 정규앨범
[잠들 때까지]의 마지막 트랙 'Good Night Baby'

우리의 시절

어서오세요
커피빈입니다

인영

 취업을 준비하는 기간이 길어지면서 강남역에 있는 프렌차이즈 커피전문점에서 아르바이트를 했다. 손님이 가장 많은 오전 11시부터 오후 2시까지 하루에 네 시간만 일하면 되는 아르바이트였는데 카페가 여기 하나인가 싶을 만큼 손님이 몰렸고 혼이 쏙 빠져나갈 만큼 정신이 없었지만, 대구에 갈 차비와 좋아하는 떡볶이를 사 먹을 수 있는 돈을 내 힘으로 그것도 서울에서 번다는 게 뿌듯했고 손님 응대할 때 나름의 표준어를 구사해보는 것 또한 소소한 재미였다. 본가에 내려가면 엄마는 '안녕하세요 커피빈입니다.'를 서울말로 해보라며 나를 놀렸다.

 카페에 가면 그럴싸한 어른처럼 보이기 위해 쓴 아메리카노를 사약 넘기듯 삼켜내던 나는 그곳에서 커피를 배웠다. 피곤한 눈을 끔벅이던 내게 함께 일하던 바리스타 친구가 잘못 만든 커피라며 건네준 아이스 아메리카노를 마시고 그야말로 눈이 번쩍 떠지는 기적을 경험하고는 카페인의 위력을 알게 된 것이다. 그 후로도 바리스타 친구가 내린 지 몇 분이 넘어 판매할 수 없는 에스프레소로 만들어 준 아메리카노로 졸린 세포들을 깨워냈고 간혹 잘못 만든 바닐라라떼나 모카 프라푸치노가 스태프 방으로 건네지는 날에는 신이 나서 산더미 같은 설거짓거리 앞에서도 춤을 췄다.

그때 커피빈에서 직원복지의 개념으로 퇴근할 때마다 원하는 음료 한잔을 가장 큰 사이즈로 만들어주었는데 윤이가 먹고 싶다고 한 차이티라떼나 혜인이가 좋아하던 핫바닐라 같은 것을 소중히 들고 와 셋이서 옹기종기 나눠 먹었다. 그 다정한 시간 속에 지난 네 시간의 고단함과 취업에 대한 걱정, 무리해서 받은 부모님의 경제적 지원에 대한 미안함 같은 것이 섞여 있었다.

낮에는 커피빈에서 아르바이트를 하고 저녁에는 엠알 만드는 일을 하며 지내다 쇼파르뮤직에서 걸려온 1차 합격 전화를 받고 몇 번의 오디션을 보는 동안 나는 커피빈을 그만뒀지만 내게 일을 가르쳐주던 언니가 그곳에서 시간을 보내던 중년의 사람들을 몰래 가리키며 "저 사람들 건물주들이다? 자기 건물 쫙 둘러보고 여기서 쉬는 거야" 하며 연신 부러워하던 것을 '아, 그래서 출근 안 하는구나' 하고 초점 없는 눈으로 고개를 끄덕이며 퇴근을 바라던 내가, 사원증을 목에 건 사람들을 보며 속으로만 초조한 발을 동동거리던 내가, 여전히 그곳을 지나갈 때마다 그 모습 그대로 서 있다.

청춘

인영

 지금 소속된 회사로 처음 미팅을 갔을 때 낯가림이 심한 우리가 머쓱한 걸음을 쭈뼛거리는 동안 회사로 겨울 점퍼 택배 시킨 게 방금 왔다며 비닐꾸러미 하나를 소중히 끌어안고선 '전화드렸던 사람'이라며 자신을 소개하던 시우언니와 그런 언니를 보며 '우와 서울사람이다' 하고 신기해 들뜬 마음을 애써 삼켜내던 우리가 있었다. (언니는 부산사람이었다)

 회사와 계약을 하고 팀이름도 정하지 못한 상태였지만 우리는 작은 클럽들과 카페, 홍대 놀이터에서 열리는 플리마켓 행사들을 찾아다니며 공연을 했다. 페이를 받는 것도 아니었고 어떤 날은 한 명의 관객도 없이 공연을 하며 아르바이트생의 안쓰러운 눈빛을 받기도 했지만, 누군가 내게 '청춘'에 대해 묻는다면 가장 먼저 떠오르는 게 그때 우리의 모습이다.

청심환을 두 알이나 먹어도 심장이 터질 것 같던 첫 공연과 10키로가 넘는 기타를 들고 홍대와 명동 여기저기를 쏘다니던 걸음들. 대표님, 이사님, 대리님(시우언니)이 전부였던 작은 회사였지만 몇 시간 동안 우리의 싱글 앨범 커버 속 제목을 동그라미 위에 써넣을지 네모 위에 써넣을지 열띤 토론을 하던 세 분의 모습을 아주 충만한 기분으로 바라보던 기억 같은 것들. 우리의 성장을 그리고 정체를 누구보다도 피부로 느끼고 있다.

변하고 싶지 않은 마음과 변화에 대한 부담감은 늘 공존하여 혼란스럽고 앨범을, 공연을 준비하면서 매일 고민하는 것들에 대한 결정은 늘 정답을 비켜 나가는 듯한 기분이지만 나를 가장 고통스럽게 하는 이 일이 또 내게 가장 에너지를 주는 일이라는 것이 얼마나 드물게 찾아오는 행운인지 또한 알고 있다.

'넌 소중해, 특별해' 같은 힐링의 문구보다는 책상을 탁치며 '웃기시네!' 하고 소리쳐야 마음이 누그러지던 내가, 손에 잡히지 않는 문장들을 보며 눈물을 흘리게 되는 날도 오는 것처럼 우리가 내린 결정들과 수많은 우연과 어쩌면 운명일지도 모르는 것들로 인해 만들어진 지금을 그저 사랑해보자고.

우리의 시절

첫 공연과
우리

🧑 세윤

  우린 겁 없이 도전했다. 몰랐기 때문에 용감했고 잃을 게 없어서 과감했는지도 모르겠다. 정해진 팀 이름도 없으면서 공연이라는 공연은 뭐든지 하고 싶어 이리저리 찾아다녔다. 2012년 즈음 홍대는 공연할 라이브 클럽도, 카페도, 아기자기한 재밌는 행사들도 많았다. 무겁고 커다란 악기들을 네 어깨에 나눠 메고, 우리는 어디든 못 가는 곳이 없었다. 그때는 페이를 받는 공연이 거의 없었기 때문에 관객들이 팁박스에 팁이라도 넣어주는 날에는 들떠서 두근거리는 그 기분을 잠들 때까지 이야기했다.

  첫 공연은 홍대에 있는 클럽 '타'에서 했는데 그때를 생각하면 한 장면이 떠오른다. 무대 옆 캄캄한 대기실에서 한 손엔 청심원을 들고 소파에 반쯤 절망한 모양으로 엎드려 있는, 어설프게 옷을 맞춰 입은 우리 둘의 모습이다.

  어렸을 때 꿈은 심리학자나 과학자 같은 거였는데 어떡하다가 음악가의 삶을 살게 된 건지, 앞으로 일어날 일은 도무지 알 수가 없다. 나는 스스로 기타를 잘 친다고 생각해본 적이 없다. 단순히 최인영보다 기타를 더 잘 치기 때문에 내가 우리 팀 기타리스트로 뽑혔다. 나는 다만 나만의 스타일로 우리 곡에 기타를 입힌다. 그건 곡을 좀 더 우리스럽게 만든다고 생각한다. 그러니 곧잘 친다고는 해두자.

나와 최인영은 음악적 허용이 비슷하다. 악기에 살짝 나간 음정을 텐션으로 받아드리고, 녹음 중 들어간 기타 삐걱대는 소리는 그 자체로 음악이라며 더 좋아하고, 잘 부른 노래보다 감정이 더 잘 표현된 테이크를 선택한다. 함께 팀을 하면서 앞으로도 서로 맞춰갈 일이 많겠지만, 식성도 취미도 다른 우리가 음악 할 때만은 잘 맞는다.

그 어떤 것보다도 다행이다.

제비다방

디디다

모모스테이지

자라섬

우리의 시절

공연순서
: 세윤인영

🙂 세윤

스웨덴세탁소라는 희한하게 예쁜 이름이 우리 팀이름이 된 날은 아직도 기억한다. 합정역 3번 출구 계단에서 우리 이름이 결정됐다는 전화를 받았다. 이름이 없어서 실명으로 공연을 하거나 여러 개의 팀이름 후보 중 하나로 공연을 했었다. 그러다 우리에게도 멋진 이름이 생긴 것이었다. 우리는 기뻐서 어쩔 줄 몰라 그 자리에서 폴짝 폴짝 뛰었다.

처음 '스웨덴세탁소'라는 이름은 내부에서 반응이 그닥 좋지는 않았다. 그 당시 회사에서도 우리 팀 이름을 생각해주느라 고민이 많았다. 사무실 한 쪽 벽에 우리 이름 후보들이 포스트잇으로 붙어 있었는데 그 이름들이 다 고마웠다. 여기 있는 모든 사람들이 우리 생각을 하며 벽에 이렇게 하나하나 붙였다는 사실이 귀여웠다.

우리는 스웨덴에서 오지도, 세탁소를 운영하지도 않았다. 단지 스웨덴과 세탁소의 조합이 근사하다고 생각했고 발음도 마음처럼 잘 안되는 게 마음에 들었다. 친구들과 얘기하다가 나온 이 이름이, 어딘가 나른하고 좋았다.

시간이 지나 세탁소를 찾으러 스웨덴도 다녀왔다. 우리가 상상하던 파스텔 톤의 뽀송한 모습은 아니었지만, 상관없었다. 스웨덴세탁소는 각자 마음속에 그려놓은 대로 존재한다.

우리의 시절

8년 단골 합주실

든든한 우리 밴드

우리의 시절

2장
스웨덴세탁소의 시간들

0/4

목소리

🙂인영

 두 번째 미니앨범 '순간'을 발매하고 몇 주 뒤의 일이다. 일상도 컨디션도 모든 게 평소와 다름이 없었는데 리허설 중에 갑자기 목구멍에 뭐가 턱 걸린 것처럼, 공기의 압력이 내 소리를 막고 있는 것처럼 목소리가 나오지 않았다. 목이 아프진 않았지만, 소리를 내려 힘을 주면 앓는 소리가 났다. 뚜렷한 원인이 없어서 더 답답했고 대처할 방법 또한 알 수가 없었다. 당연하다고 생각했던 것들에 균열이 생기자 속절없이 멘탈이 무너졌다. 당연히 나와야 할 목소리가, 몇백 번을 불러왔던 노래에서.

 혼란스러운 마음으로 리허설을 끝내고 따뜻한 물을 마시며 마음을 가다듬었지만, 공연 때에도 비슷한 증상이 계속됐고 도망치고 싶은 마음을 겨우겨우 붙잡으며 무대를 마쳤다. 회사에서는 곧 단독공연이 예정되어있으니 병원 진료를 통해 나아져 있을 것을 당부했고 나 역시 누구보다 그 공연이 좋은 공연이 되길 바랐었다.

매일 불안한 마음이라도 어찌어찌 단독 공연은 끝냈지만 목소리는 돌아오지 않았고 방송국에서 일하는 사촌 동생이 '언니야 유희열의 스케치북 나간다며!' 하고 상기된 표정으로 전해주던 기쁜 소식에도 마냥 기뻐하지 못했다. 그래도 날마다 연습했다. 녹화를 망친다 해도 '최선을 다했다.'는 위로를 스스로 남겨두고 싶었던 것 같다.

 소리가 나오지 않는데도 억지로 노래를 부르려 애쓰다 보니 탈이 났다. 스케치북 녹화를 며칠 남겨두고 이비인후과에서 성대결절 진단을 받았는데 나는 차라리 성대결절이 목소리가 나오지 않는 원인이기를 간절히 바랐다.

 단독공연이나 스케치북 촬영에 대한 부담감 때문일까 생각했지만, 녹화 후로도 목소리가 나오지 않아 조금 휴식을 취하기로 하고 회사에서 수소문해주신 유명한 이비인후과를 여러 군데 방문했다. 가수 누구누구가 수술받은 병원이라며 자랑을 늘어놓던 병원에서 값비싼 진료비를 치렀지만 처방받은 약은 도움이 되지 않았다. 그 후로도 여러 병원에 다녔는데 병원마다 진단도, 처방해 준 약도 다 달랐고 자세며 생활습관이며 가르쳐준 식습관 등 시키는 대로 열심히 따랐지만 나아지지 않았다. 어떤 병원에서는 '연축성 발성 장애' 진단을 내렸고 노래는 그만두시는 게 좋겠다는 얘기를 듣기도 했다.

  그때 약을 정말 많이 먹었다. 간절했고 불안했고 하루하루가 막막해서 약을 먹는 것이 그나마 마음에 위안을 줬던 것 같다. (간이 몹시 걱정되긴 했다) 그러던 중 회사에서 몇 달 후에 열리는 페스티벌에 대해 이야기를 꺼냈다. 4달 정도가 남은 상황이었고 노래하기 불편한 상황이라면 좀 더 쉬어도 된다고 말씀하셨지만 나는 활동을 하지 않는 것에 대해 조금 조바심이 나서 그리고 4달이라면, 그 시간이라면 나아지겠지 하는 엉터리 기대감으로 그 페스티벌 무대에 서고 싶다고 말씀드렸다.

스웨덴세탁소의 시간들

발성 치료를 받고 레슨을 받고 약을 먹고 정신의학과 상담도 받았으며 심지어 동굴에서 오랜 시간 수련하셨다는 스님도 찾아갔지만 나는 나아지지 않았다. 수변 무대 그 아름다운 곳에서, 우리를 보러 객석을 가득 채워주신 분들 앞에서 무대를 완전히 망쳤다.

 누구에게도 말하지 못했지만 나는 그 무대를 떠올리면 그렇게 심장이 답답했다. 내가 나를 뭐 대단한 보컬리스트라고 여겨서가 아니라 우리를 기대하고 믿어준, 그래서 시간을 내어 찾아준 사람들을 실망 시켰다는 것이 진심으로 괴로웠다. 소리 내어 엉엉 울어도 답답함은 나아지지 않았고 그 답답함 때문에 밤을 지새우는 일이 잦았다. 그 페스티벌 이후로는 내 목소리가 나오지 않던 이유가 뭐였든 스스로 짊어진 마음의 짐 때문일 것이다.

 그 후로 내 스스로에게 꽤나 다정했던 편인 나는 혹독해지고 엄격해졌다. 스케줄이 있는 날에는 새벽에도 연습실에서 목을 풀었고 속이 쓰려도 약을 털어 넣었다. 그렇게 스스로를 몰아세울수록 무대를 망치는 날이 더 슬펐던 것 같다.

하루 종일 나를 다그치다 밤이 되면 또 나를 달래느라 잠들지 못했다. 몇 달 몇 년이 지나고도 나는 괜찮지 않았지만 '목이 좋지 않아요' 하고 말하는 것조차도 버거워져 괜찮은 척 무대에 서야 했다. 설렘으로 기다리던 일들을 겁내게 된 나를 보는 것과 스스로를 미워하고 누군가를 탓하는 찌질하고 초라한 내 모습은 지나친 자기연민을 불러오기도 했다.

이사를 준비하며 짐을 정리하다 여태껏 써온 일기장들을 쭉 읽어보았는데 목 때문에 고생하던 몇 년 치의 일기장엔 '희망이 있다.' '화이팅'과 같은 말이 적혀있었다. 지금의 나는 아직도 괜찮지가 않아서 슬프게도 '희망'이라는 어여쁜 단어에 질려버렸는데. (최근에는 다행히도 좋

은 선생님을 만나 내가 나아갈 방향을 잘 잡고 있는 중이고 목소리의 떨림도 약도 많이 줄였다)

  이 글이 내가 모든 걸 이겨내고 괜찮아진 이야기였다면 더 좋았겠지만 나는 아직도 수없이 무너져 내리는 중이다. 그래서 나는 매일 아침마다 아직 우리의 노래를 기다려주고 내 목소리를 아껴주는 이들이 있다고, 그러니 느린 걸음이라도 계속해서 걸어가자고 내게 말해 주어야 한다.

  나는 여전히, 나를 설득시키는 일이 가장 어렵다.

작업실에서

스웨덴세탁소의 시간들

목소리

🧒 세윤

목소리만 들어도 눈물이 날 것 같다. 마냥 해맑던 아이는 공연 트라우마로 전날 해야 하는 일들이 생겼고, 녹음하면서 음이탈이 나도 재밌어하며 '최인영 음이탈 모음' 폴더에 넣을게 늘어났다고 신나하기도 했던 아이는 이제 녹음 징크스 때문에 마이크 앞에서 뻣뻣하게 굳은 채 자세를 잡는다.

유명한 병원이라는 병원은 다 수소문해서 찾아다녔다. 진료과도 막론하고 치료만 가능하다면 어디든 희망을 품은 채 찾아갔다. 예전의 목소리는 다시 내기 힘들 거라는 말만 수십 번 들었다. 이젠 희망이란 말조차도 미워져 버렸다. 결국에는 지금의 상태에서 최선의 소리를 내는 방향으로 결정했다. 음성치료, 발성 치료를 하기 위해 유명한 선생님들도 찾아뵈었다.

슬프게도 이 이야기의 엔딩은 없다. 아직도 원인 모를 이유로 목소리는 잘 나오지 않고 발성 치료는 여전히 진행 중이다. 팀을 시작하고 목이 안 좋았던 기간이 더 길어져 버렸다. 나는 최인영이 걱정된다. 최인영은 우리 팀을 걱정한다. 우리는 괜찮을 거다. 최인영만 더 이상 다치지 않길 바란다.

(네가 유리멘탈이라면 내가 거기 붙이는 강화 필름이 되어줄게!)

답답한
새벽

🗨️ 인영

  서울에서의 세 번째 보금자리였던 중국 요리전문점 뒤편에 만들어진 작은 반지하 방에서 나는 자주 아팠다. 심심찮게 출현하는 꼽등이와 에어컨 없이 보내는 습한 공기의 여름이 조금 힘들었지만 그런 사소함이야 새로운 소속이 생겼다는 것, 내게도 할 일이 생겼다는 기쁨으로 금방 잊어버릴 수 있었는데. 누구도 내게 지우지 않았지만 홀로 짊어지고 있던 정체 모를 불안이나 부담감 때문인지 항상 체기 같은 걸 달고 살았다.

  밤잠이 많던 나는 그곳에서 새벽의 푸르름을 처음 알았다. 이불이 다 내려갈 만큼 뒤척여보아도 잠에 들지 못하는 내가 나조차도 당황스러운 날들의 연속이었다. 이부자리에 누워 멀뚱멀뚱 창밖을 쳐다봐도 보이는 것은 담벼락이 전부였지만 희미하게 새어 들어온 파란 달빛은 나조차도 몰랐던 심연의 무언가를 끄집어 오는 듯했다.

형체 없는 불안들은 꼬리에 꼬리를 물며 이어졌고, 그날의 실수와 후회가 머릿속을 떠나지 않는 날이면 그때 해야 했을 말들과 하지 말았어야 할 행동들을 계속 되뇌며 밤을 꼬박 새워야 했다. 새로이 맞닥뜨리게 된 일들은 내 머리와 내 말과 내 몸을 기다려주지 않았고 아등바등 애를 써 봐도 실수를 저지르고야 마는 후회 속 내 모습들은 마치 내가 아닌 타인처럼 낯설게 느껴졌다.

속수무책 밀려오는 생각들에 정신은 더 맑아졌고 또렷한 새벽마다 일기를 썼다. 환한 대낮에 펼쳐 읽어보면 부끄러움에 몸서리칠 것이 분명했지만 쏟아지는 감정들을 그렇게라도 뱉어 내고 나면 후련한 기분이 들었기 때문이다.

내가 써 내려가는 노래들이 의미가 있는가에 대해 치열하게 고민해 봐도 답이 떠오르지 않을 때, 그때 그 캄캄한 방에 쭈그려 앉아 일기장에 써 내려간 나를 떠올린다.

스웨덴세탁소의 시간들

그럴 때면 내 위태로움과 기도가 담긴 '답답한 새벽'이 잠들지 못한 누군가의 답답한 새벽에 함께 한다는 사실을 떠올리는 것이 아주 커다란 의미가 되어 내게 되돌아온다.

▶ ||
스웨덴세탁소 - 답답한 새벽

답답한 새벽 잠은 안 오고
불안한 생각들이 꼬리를 물고
캄캄한 시간 기댈 곳 도 없는
외롭고 아픈 날들

이젠 늦어버린 숨겨둔 마음
지나친 풍경들에 눈물이 나도
그대로의 내가 참 좋다며 웃던
네가 있길 바라지만
이젠 우연이라도 바래볼 수 밖에

널 바라보기만 해도
난 녹아버릴 것 같아
괜찮냐고 해줘 울지 말라고 해줘
내 손을 잡고 다 잘 될 거라고 말해줘

스웨덴세탁소의 시간들

우리는
너무 많은 것을

인영

   이 노래를 만들 즈음 계속해서 비슷한 꿈을 꾸었다. 초등학생 때부터 살았던 아파트 단지와 피아노학원이 있던 상가, 매일 드나들던 문방구가 사진첩을 보듯 꿈에 보였다. 꿈에서 깨어나면 별안간 눈물이 날 것 같은 아침도 있었다. 그때로 돌아가고 싶다거나 그때가 너무나 그립다거나 하는 이유는 아니었다. 그때만큼 내가 용감하지 못하다는 것이 조금 슬프게 느껴지긴 했지만.

   요즘의 나는 스스로 느끼기에도 바보 같을 만큼 겁쟁이가 되어서 잃고 싶지 않은 감정은 만들어내는 것조차 쉽지가 않고, 떠난다고 말한 적 없는 이들을 보며 울기도 한다. 지금보다 훨씬 조그맣던 나는 정말로 용감했던 것 같은데. 손에 잡히지 않는 것들조차도 최선을 다해 사랑하고 아파트 단지의 나무 한 그루에도 이름을 붙여주며 아껴주었는데….

앨범을 준비하면서 그런 꿈을 꾼 것은 너무 많은 것을 잃어버리고 잊어버린 내게, 또 너무 많은 것을 기억하는 내게 내 무의식이 준 선물 같았다. 그때의 내가 얼마나 환했는지 얼마나 아름다웠는지 다 기억하고 있으니까 그때처럼 웃는 법을 사랑하는 법을 잠시 잊어버리게 되더라도 걱정하지 말라고 말해주는 것만 같은.

 어쨌든 나는 그 꿈으로 인해 하나의 곡을 만들었고, 얼굴도 모르는 리스너에게 따뜻한 감사의 말도 들었고, 그 시절의 아파트 단지를 상가를 함께 누비던 내 31년 지기 친구에게 말로는 도저히 하지 못할 내 진심을 전할 수 있었으니 내겐 아주 근사한 선물이 아닐까 싶다.

▶ ||
스웨덴세탁소 - 우리는 너무 많은 것을

그때로 돌아가 너를 만날 수 있다면
니가 얼마나 예쁘게 웃는지
말해줄 텐데

너의 깨어진 틈에서도
꽃이 피어날 테니까
너무 많은 것을 잊지는 마

스웨덴세탁소의 시간들

Happy Birthday Waltz

🙂 인영

   사랑하는 이의 기쁨만을 바라며 분주한 사람은 얼마나 사랑스러운지. 오롯이 누군가를 생각하는 따뜻한 마음으로 채워진 하루는 또 얼마나 다정한 것인지.

Happy Birthday Waltz

🐶 세윤

데뷔곡, 스웨덴세탁소가 태어나서 부르는 생일 노래.

우리의 처음 목표는 꽤 소소하면서도 환상적이라 생각했다. 우리 이름이 들어간 우리의 앨범을 내는 것.

지금까지 여러 번 음악을 세상에 내보이고 있지만 아직까지도 설레고 매번 떨린다.

Be your
Christmas

🗨️인영

  크리스마스가 내게 주는 것은 온전한 것이었다. 12월의 추위를 끔찍이도 싫어하는 내게 겨울을 사랑하게끔 만들어주는 온전한 사랑과 온전한 온기. 반짝이는 알전구들이 수놓아진 거리는 떠올리기만 해도 마음이 데워지곤 했으니까.

  그 애는 겨울에 더 사랑스러웠다. 품이 낙낙한 스웨터가 잘 어울렸고, 멋없게 칭칭 둘러진 목도리와 추위 탓에 빨개진 두 뺨은 정말이지 못 견디게 귀여웠다. 이 모든 게 겨울이 그 애를 너무나도 사랑하기 때문이라고 나는 확신했다. 겨울이, 크리스마스가 그 애를 사랑하기 때문이라고.

  나는 겨울의 그 애를 사랑했다. 그 애의 크리스마스가 되어주고 싶었다. 이런 식으로 시간이 흐른 것을 보면 아무런 날도 되어주지 못했던 것이 분명하지만.

아마 그 애는 누군가의 날을 환하고 따뜻하게 비춰주고 있을 것이다, 크리스마스처럼. 내게 그래 줬던 것처럼.

이제 나는 얼마든지 겨울을 사랑할 수 있다.

Just Christmas

🙂 세윤

내게 1년 중 가장 좋아하는 날을 뽑으라면 당연히 크리스마스일 것이다. 내 생일보다도 예수님 생일을 더 좋아한다.

내가 좋아하는 겨울에, 따뜻한 느낌의 조명들, 겹겹이 껴입은 옷들의 모양, 누군가를 생각하는 마음들, 엉뚱한 크리스마스 에디션의 물건들, 그리고 로맨틱한 핑계!

크리스마스도 좋아하고 음악도 좋아하니까 그 두 개를 합하면 기쁨이 두 배. 캐럴이 된다. 3분 내외의 행복이다. 다행히 최인영도 캐럴을 무척이나 좋아한다!

우리가 처음으로 만들었던 캐럴이자, 내가 제일 좋아하는 캐럴은 2012년 겨울에 나온 Just Christmas이다. (제일 좋아한다는 건 다른 캐럴들엔 비밀이다) 계절에 관련 없이 그 몽글몽글함을 느끼고 싶을 때마다 종종 듣는다.

캐럴을 만들 때는 더욱 동글동글하고 따뜻한 음색들을 쓰려고 한다. 듣는 사람에게도 그 온기가 느껴지길 바라며.

스웨덴세탁소의 시간들

Magical

🐻 세윤

이 곡은 편지 같은 곡이다. 이 편지는 반송되어 내게로 왔다. 그래서 그 카페에서 그렇게 울었나 보다.

이 곡의 데모 작업을 마치고 카페에서 최인영을 기다리면서 형식적으로 모니터를 하던 중이었다. 가사와 멜로디는 정확한지, 곡 분위기는 어떻게 하면 좋을지, 늘 하던 확인 과정 중 하나였는데 갑자기 그 말들이 나에게로 왔다. 힘없이 앉아 멍하게 앞을 보던 내 눈에 눈물들이 무방비하게 쏟아져버렸다.

'괜찮아 너의 침묵도 내겐 위로가 되니까. 더 애쓰지 않고 그냥 눈을 감아도 돼.'

슬럼프였다. 음악에 자신도 없었고 그때의 내가 마음에 안 들었다. 음악을 계속 해야 할지, 안 하면 어떤 걸 해야 할지. 온종일 내 인생에 대해 생각하고, 미래를 생각하고, 불면증에 새벽까지 고민하고 걱정하던 시기.

(지금도 내 방 책장에 꽂혀 있는 두꺼운 민법 책은 저 때 변리사가 되어야 겠다 하고 방황을 하던 내가 남겨놓은 타임캡슐 같은 것이다.)

 이 앨범을 작업하는 과정이 신나지 않았다. 설레야하는 순간들이 우울로 가득했고 누군가가 나를 살짝이라도 건드리면 그냥 그대로 쉽게 찢어질 것 같았다. 그런 침울감과 무력감은 처음이었다. 나도 내가 당황스러웠다.

 하지만 조금은 즐기기도 했다. 새로운 감정들은 신비롭다. 일부러 작업을 하는 데에 그 기운들을 다 쏟아내 버렸다. 그리고 그것들은 자연스레 음악이 되었다. 그렇게 털어내고 나니 좀 괜찮아졌다. 답이란 건 없었다. 지금도 '순간' 앨범의 커버만 봐도 슬프다. 그 시절의 내가 생각나서. 그런데 우습게도 힘들 때 가장 생각나는 앨범이 '순간'이고 'Magical'이다. 존재만으로도 모든 게 괜찮다고 하는 그 곡이.

스웨덴세탁소의 시간들

Magical

🙂 인영

 내가 매지컬이라는 이 곡을 사랑하게 된 이유 중 하나는 평소에 잘 울지 않는 윤이가 카페에서 이 곡의 데모 버전을 모니터하다 눈물을 쏟아냈기 때문인데 사실 나는 그때 우는 윤이를 보며 크게 안도했다.

 이제 와 생각해보면 그때 피아노 앞에 앉아 매너리즘에 빠지지 않겠다며 발버둥 치던 내 모습이 조금 귀여울 지경이지만, 그때 나의 진지한 고민의 결과는 새로운 장르에 욕심을 내거나 무언가 발전된 모습을 보여주고 싶다는 것에 대한 집착이었고 그래서 난해한 곡이 나오기도 했다.

 몇 날 며칠 이어진 고민에 대한 해답은 찾지 못했지만 세련되지는 못하더라도 그저 진심을 담은 노래 한 곡을 만들어보자는 결정을 했고, 그런 마음으로 편지를 쓰듯 한 글자 한 글자 소중한 사람들에게로 향하는 마음을 적어 내려간 노래가 바로 매지컬이다. '내게는 당신들이 그저 있어 주는 것만으로도 의미가 있다고, 당신의 존재로 나는 다시 어디든 날아갈 수 있을 것만 같은 그런 마법 같은 순간들을 마주하게 된다고.' 그 말들은 윤이에게도 꼭 해주고 싶었던 말들이었고 내가 적어낸 노랫말이 서툰 데모 버전으로도 결국 닿아졌다는 것이 나를 그토록 안도하게 만든 것이다.

  누군가는 우리의 노래를 지루하게 느낄 수도 있겠지만 또 누군가는 우리의 노래들로 인해 나아갈 힘을 얻었다고도 말한다. 노래에 담은 내 마음들을 그 마음 그대로 들어주는 그 사람들을 위해 나는 정진할 것이다.

  펜 끝에는 가끔 노래가 되지 못 하는 말들이 넘쳐도 우리 스웨덴세탁소의 음악을 기다려주는 분들을 위해서 나는 내 안의 행복을 차곡차곡 쌓아둬야지. 그러니 이 글을 읽는 당신도 누군가에겐 그저 존재하는 것만으로도 커다란 의미가 있는 사람이라는 걸 꼭 알고 있길 바라요.

스웨덴세탁소의 시간들

▶ ‖
스웨덴세탁소 – Magical

괜찮아 너의 침묵도
내겐 노래가 되니까

괜찮아 너의 모든 걸
설명하지 않아도 돼
어떤 너의 이유도
나는 안아 줄 테니까

너의 온기가 날 일으켜
다시 어디든 날아갈 것만 같은
그런 마법 같은 순간들을
너는 내게
괜찮아 니가 밝히는 빛이
환하지 않아도
그 빛을 따라 걷는 나를
기억해 줘

스웨덴세탁소의 시간들

스웨덴세탁소의
손님들

🧑 세윤

우리 스웨덴세탁소에 자주 들러 주시는 고마운 분들을 수줍고 멋쩍게 부르는 말이다. 직접 공연에 와 주시기도 하고 음악으로 찾아 주시기도 하는 분들.

처음에는 우리 음악에 대해 언급하거나 좋다는 글을 볼 때면 '우리 지인인가?', '사촌 언닌가?', 아니면 '아, 회사 분이시구나!'라고 생각했다. 모르는 사람이 자발적으로 우리의 음악을 찾아 듣고 칭찬했을 리가 없다!라고만 생각하며 마냥 소심하게 굴었다. 그러면서도 내심 좋았다. 아니다, 너무 좋았다!

9년째 음악을 계속할 수 있는 원동력이다. 공연할 때 눈앞에 있는 분들이, 실제로 살아 숨 쉬고 눈을 반짝이고 있는 이분들이. 아직도 믿기지 않고 과분한 사랑을 받고 있다고 생각한다. 왜 이리 마음을 표현하기가 어려운지.

'그 소중한 말들이, 우리를 응원해주시는 분들이, 이 두 무뚝뚝이들의 영감이고 행운이에요. 감사하다는 말로는 부족해요. 우리는 또 음악으로 말을 걸고 멀뚱멀뚱하게 있겠지만, 주시는 마음 하나하나 아끼고 고이 간직하고 있다는 걸 알아주세요. 온 마음을 다해 고맙습니다. 사랑해요!'

스웨덴세탁소의
손님들

🗨️ 인영

 우리 둘에게 '팬'이라는 것은 괜히 수줍고 어색한 단어 같다. '팬'이라는 건 왠지 연예인에게만 해당되는 말인 것만 같고, 그래서 누군가 우리에게 '팬이에요' 하고 말해도 우리 입에서 '팬'이라는 말이 나오는 일은 아주 드문데 오죽하면 '팬분들께'라던지 '팬분이 주셨어요.'와 같은 간단한 문장도 어렵게 내뱉곤 했다.

 9년 동안 활동을 이어오는 동안 좌절의 순간들은 수없이 많았다. 물론 말할 수 없이 감사하고 행복에 겨운 순간들도 많았고 '스웨덴세탁소'는 내 20대의 전부이지만 도저히 이대로는 노래를 할 수 없을 것이라는 생각에 그만둘 마음까지 먹은 것도 사실이다.

 그러나 공연 때마다 꿀이 뚝뚝 떨어지는 눈길로 우릴 바라보는 한분 한분을 마주할 때와 그저 앨범을 내주어 고맙다고 말하는 그들의 따스한 글씨체와 목소리는 그냥 다 때려치울 거라며 엉엉 울곤 하던 나를 일으키고 도망치고 싶던 수많은 순간들에게서 꺼내어주는 것들이었다.

여전히 '팬'이라는 한 글자를 입 밖으로 꺼내지 못해 말을 빙빙 돌리는 바보 같은 두 사람을 넘치는 사랑을 온전히 받아 내지 못해 빨개진 얼굴로 수줍어하는 우리를 이토록 아껴주어 진심으로 진심으로 고마워요.

스웨덴세탁소 손님들과 함께 한 시간

스웨덴세탁소의 시간들

3장

모든 게
처음이라서

여섯살 인영이

세 살 세윤이.

뒤쪽엔 아빠가 애지중지 하시던
턴테이블과 스피커가 보인다.

그걸 알리가 없는 세 살 세윤이는
턴테이블 위로 올라가 바닥으로
콩콩 뛰어 내려오는 것을 좋아했었는데
점점 무거워지는 세윤이를
감당하지 못한 턴테이블은
결국 망가져버리고야 만다.

'어른'이 되면 아빠에게 비싼 턴테이블을
짠하고 선물해주고 싶었는데
아직도 다짐으로만 남아있다.

처음이라서

인영

-엄마

  이 노래는 내가 27살이 되던 해에 썼다. 나의 오빠를, 그러니까 첫 아이를 낳았을 때 엄마는 27살이었다. 나는 지금도 엄마에게 전화를 하지 않으면 할 줄 아는 게 하나도 없는데.

  맥주를 좋아하는 엄마는 취기가 조금 오르면 자주 우리의 유년에 대해 이야기했다. 어린 내가 냉랭한 부부 사이를 오가며 애교를 부려대는 탓에 어색한 화해를 해야 했던 일이나 슈퍼 앞 흔들리던 벤치에 위험하게 올라탄 나를 만류하는 아빠에게 '시발놈아'라고 너무나도 정확한 발음으로 항의하던 (그 말을 기분 나쁠 때 쓰는 것쯤으로 이해한) 4살짜리 딸을 어안이 벙벙해 혼내는 것도 잊고 부끄러운 마음에 안아 들고 집으로 뛰어왔던 일들을 말하며 웃었다. 그건 곧 엄마의 청춘이었고 술기운 탓인지 두 볼이 빨개진 엄마는 꼭 그때로 돌아간 듯 반짝거렸다.

 엄마는 딸을 낳아 다행이라고 했다. 사우나에서 서로에게 흘리던 비밀이야기들과 백화점 세일 코너에서 어울리는 옷을 찾아주던 분주한 손길은 엄마와 나의 동맹 같은 것이라고. ('처음이라서'라는 제목을 가진 이 곡은 엄마도 엄마가, 아빠도 아빠가 처음이라서 할 수밖에 없었던 실수와 그럼에도 벅차게 소중했던 시간들에 대한 노래인데 부모님께 받은 편지와 대화들을 곱씹으며 가사를 썼고 그래서 우리는 '작사가'란에 부모님의 성함을 적어두었다)

 이 곡의 가사에 나오는 '네 작은 뺨에 상처를 냈던 일'은 오빠의 초등학교 입학식 날 시간에 쫓겨 급하게 내 옷을 갈아입히던 엄마의 손톱에 긁힌 것인데 어렸던 내 살이 약했던 탓에 조그마한 흉터가 남은 것이다. 지금도 왼쪽 뺨에 남은 희미한 자국을 보며 엄마는 멋쩍은 사과를 건네곤 하신다. 그 사과는 엄마가 몇 번이나 속으로만 하던 말을 아주 가끔 입 밖으로 내뱉는 거라는 걸 알고 있다. 내가 아무리 이 흉터에 대한 내 애정을 설명해보아도 여전히 엄마의 눈썹은 팔자로 굽혀진 채 빤히 나를 바라본다.

―아부지

 아빠는 소문난 딸 바보라서 나는 그 힘으로 살아내는 것 같기도 하다. 아빠 앞에서 나는 떡진 머리로 개다리춤을 추고 눈곱 낀 부은 얼굴로 밥을 먹어도 늘 사랑스러운 사람이고 스스로의 바보 같음을 한심해 하다가도 전화기 너머로 들려오는 '허허'하는 아빠의 웃음소리에 다시금 나 자신을 사랑할 수 있게 되기도 했다.

 이따금 술에 취한 아빠가 꼬부라진 혀로 느리게 뱉어내는 말들은 대문 위로 쏟아지던 가로등 불빛만큼이나 환했다.

 아빠가 환갑이 된 해에 나는 연초부터 조금 들떠있었다. 따로 돈을 모아두었고 몇 달 전부터 미니 배너나 케이크 등을 알아보며 캡쳐해 둔 사진만 스무장이 넘었다. 아빠는 백세시대에 환갑을 챙기는 게 쑥스럽다며 손을 내저

었지만 나는 아빠가 얼마나 사랑받는 가장인지 알게 해주고 싶었고 그야말로 '멋진' 잔치를 열어주고 싶었다.

아빠의 환갑잔치를 했던 날 밤에, 왁자지껄 다정한 웃음소리로 가득 찬 저녁을 먹은 그 밤에 아빠는 식탁에 앉아 혼자서 소주잔을 기울이셨다.

손녀의 귀여운 재롱은 넘치게 사랑스러웠고 우리 남매가 새언니와 함께 고심해 준비한 이벤트도 성공적이었는데 어쩐지 쓸쓸해 보이는 아부지 얼굴이 신경 쓰여서 나는 가만히 자리를 지켰다.

아빠는 몸도 마음도 40대인 것 같은데 시간이 벌써 아빠를 60대로 옮겨두어서 어쩔 줄을 모르겠다고, 아직도 뭐든 할 수 있을 것만 같은데 실은 그렇지 않아서 혼란스럽다고 말하며 한숨 같은 웃음을 뱉었다. 평소 자신의 농담에 심취하는 장난꾸러기 같은 아빠의 입에서 나온 낯선 문장들은 한참동안 내게 머물렀다.

 내가 지켜봐 온 아빠도 그렇다. 언제나 청년이고 싶은 아빠. 언제나 청춘이고 싶은….

 세상은 왜 이리 나이 앞에서 사람을 속절없게 만드는 것인지.

 최근 등 떠밀려 나오게 된 회사로도 돌아갈 수 없는 아빠는 '아빠가 이제 다시 뭘 시작할 수 있을까' 하고 내게 묻는 것인지 스스로에게 던지는 질문인지 모를 말들을 되뇌었지만 나는 해 줄 말이 없었다.

처음이라서

🐶 세윤

내가 존경하는 사람은 우리 부모님이다. 학생 때는 고민하면서 저명한 과학자나 사회 운동가들을 한 명씩 돌아가면서 고르곤 했다. 성인이 되고 당연하다 여긴 것들이 당연한 것이 아니란 걸 알았을 때 부모님이 대단해 보였다. 그리고 이 귀한 마음이 존경이라고 느끼기까지 그리 오래 걸리지 않았다.

장녀인 내가 세상에 나오고, 아빠는 가족을 위해 거의 쉬지 않고 일을 하셨다. 엄마는 나와 동생을 돌보시고 밤낮없이 가정을 가꾸셨다. 그건 희생이었고 사랑이었다.

아낌없는 사랑을 받으며 무럭무럭 자란 나는 사랑을 주는 것에도 관대한데, 왜인지 가족들에게는 괜히 무뚝뚝하다. 마음은 그렇지 않으면서. 그리고 아빠의 소원은 엄마의 행복일 정도로 사랑이 넘쳐나시는데, 표현에 서투르시다. 아빠의 마음도 그렇지 않다는 걸 알고 있다. 가족 채팅 메신저에 유일하게 '하트'를 쓰는 우리 집 대표 사랑둥이 엄마를 제외하고는 마음 표현을 잘 하지 않는다. 어렴풋이 짐작만 할 뿐이다. 다만, 본가에서 서울로 올 때 '다녀오겠습니다' 하고 뭉클한 포옹은 한다.

내 생일 아침에 편지가 왔다. 편지를 손에 들고 그 자리에서 그냥 울어 버렸다. 엄마 글씨였다. 참을 수 없는 눈물이 그대로 흘러넘쳤다. 3장 빼곡하게 담겨있는 그 마음은 사랑이었다. 그 속에는 서지도 못하는 나를 걷게 하려다 넘어지게 한 일부터 나를 키우시면서 서툴러 실수한 내용과 내가 자라면서 해주지 못한 것들에 대한 후회들이 담겨 있었다.

부모님도 처음이라서, 이 모든 게 처음이라서. 그래서 지금까지도 고민이고 걱정이라고 하셨다.

사랑한다는 말은 없었지만 사랑을 느끼기에 충분했다. 그 맹목적인 사랑을 지금도 주고 계신다. 나는 안다. 사랑한다는 말은 생각보다 그렇게 중요하지 않을지도.

▶ ▮▮

스웨덴세탁소 - 처음이라서

서지도 못하는 너를
걷게 하려다 넘어지게 한 일
아파 울고 있는 너를
어쩌지 못해 함께 울었던 일
처음 널 다그쳤던 날
마음이 아파 후회했었던 일
옷을 갈아입히다
네 작은 뺨에 상처를 냈던 일
처음이라서 이 모든 게
내게도 믿을 수 없는
기적과도 같아서
널 사랑하는 일 밖엔
많은 게 더 서툴고
부족해서 미안해

무거운 하루의 끝에
한참을 너를 안고 있었던 날
잠든 네가 너무 예뻐
더 크지 않길 기도했었던 날
처음이라서 이 모든 게 내게도
믿을 수 없게 벅찬 기적이라서
날 바라보는 널 보는 것만으로
살아갈 이유가 돼 고마워

너의 삶이 나를 만남으로 인해
조금은 아름답게 쓰여지길
너를 향한 내 기도와 소원들이
너에게 닿아 늘 따뜻하길

모든 게 처음이라서

한강 유람선에서 세윤이네 가족

인영이네

모든 게 처음이라서

할매

🗨️ 인영

    중학교 3학년이었던 16살 때부터 나는 할매와 함께 살았다. 2층짜리 주택에 살고 있던 할매가 세를 주던 이층 집을 리모델링해 형편이 어려워진 우리 식구를 살게 해준 것이다.

    할매는 지독한 남아선호사상을 가진 사람이고 목소리가 큰 데다 욕도 잘하는, 그래서 외손주 중에 그것도 여자아이인 내가 다가가기 어려운 사람이었지만 행여나 우리가 학교에서 기죽을까 봐 엄마 몰래 등굣길에 만 원짜리를 조용히 쥐여주는 따뜻한 어른이었다.

    일이 바쁜 부모님과 야간 자율학습으로 매일 늦게 귀가하던 오빠보단 자연스레 내가 할매와 함께 시간을 보내는 일이 많았는데 투병 끝에 할아버지가 돌아가시고 방이 세 개나 되는 큰 집에 혼자 오랜 시간을 살던 할매에게 자신을 닮아 무뚝뚝한 5명의 자식과는 달리 애정표현도 잘하고 살갑게 구는 내가 현관문을 두드리는 게 퍽 반가운 손님이 되어준 듯했다.

함께 드라마를 보고 목욕탕을 다니고 할매에게 문자 보는 법을 알려드리면서 나는 할매가 쌍화탕이나 누룽지가 아닌 캬라멜 마끼야또를 좋아한다는 것과 고급레스토랑에서 '스테이끼' 써는 것을 좋아한다는 것 등을 알게 되었고 그렇게 함께 보낸 시간 속에서 나는 어리광쟁이 아이가 되었다가 기계 조작에 능숙한 어른이 되었다가 어떤 날은 공주처럼 어떤 날은 무수리처럼 지내기도 했다.

　할매는 언제나 신선한 욕을 했는데 드라마 속 악역을 보고 분노에 찬 할매가 '저년 저거 대가리를 톡 깨버릴까보다'하고 TV를 향해 소리치던 것에 충격을 받은 나는 한참 그 말을 따라 하고 다녔었다. 내가 그 말을 할 때마다 잔인하다며 기겁하는 윤이가 웃겨서 나중에는 훨씬 과장된 모습이 되었지만.

모든 게 처음이라서

내가 서울로 올라와 리빙텔 안의 작은 방에 홀로 앉아 있을 때 가장 하기 힘들었던 일이 '할매에게 전화하기'였는데 통화할 때 유난히 다정해지는 그 목소리를 들으면 그렇지 않아도 종잇장처럼 펄럭이던 마음이 더 약해져 당장이라도 짐을 쌀 것 같았기 때문이다. 아니나 다를까 어렵게 통화버튼을 누른 내게 '너무 보고 싶은데 자꾸 눈물이 날라 캐가 전화 못 했다'고 말하는 할매 때문에 나는 또 한참을 울어야 했다.

내 인생을 통틀어 타인이 나를 수식한 말 중 내가 가장 좋아하는 문장 또한 할매의 것이다. 하교 후 귀가 인사를 하러 할매 집 문을 열고 들어갔을 때 함께 있던 손님에게 나를 가리키며 '우리 손녀, 쟈는 똥도 버리기 아까운 압니더.'하고 나를 소개했고 '똥'이라는 강렬한 단어에 잠시 주춤했지만, 곧장 문장을 이해하곤 무릎을 탁 쳤다. 살면서 누군가에게 들을 수 있는 말 중 이보다 더 머리가 띵해지는 칭찬이 있을까. 아마 내겐 없을 것 같다. 요즘도 그때 들은 할매의 목소리를 떠올리면 피식피식 웃음이 새어 나오고 대단한 자신감이 생기기도 한다. '나는 똥도 버리기 아까운 애인데' 하며 말이다.

모든 게 처음이라서

우리 할매

가족

🙂 세윤

  마음이 약해질 때도 있다. 내가 나이를 먹어가고 몸이 늙어가는 건 느끼면서 왜 부모님이 나이 드시는 건 실감이 나질 않는지. 처음으로 엄마, 아빠도 나이가 드시는구나 했을 때가 있다. 그땐 정말 놀랐고 나조차도 법적으로 술과 담배를 사는 게 가능해진 나이라는 것을 실감하지 못할 때였다.

  대학교 1학년 때, 타지로 대학을 가서 몇 달 동안 가족과 떨어져 지내다가 오랜만에 본가로 갔다. 엄마 아빠를 봤는데 두 분의 손이 늙어 있었다. 그리고 그들의 젊었을 때를 떠올렸다. 엄마가 베이커리에서 일할 때 잠깐 쉬는 시간에 명동의 한 호텔에서 커피 한 잔의 여유를 가진 것, 아빠가 젊음의 패기만 가지고 친구와 기차로 전국을 여행했던 것. 그리고 나의 지금. 그러고는 문득 무서워졌다. 손쓸 수 없는 시간의 가속도가 무서웠다.

모든 게 처음이라서

그래도 그들은 항상 나를 지켜줄 것이고 나와 동생의 곁에 있어 줄 것이라고 생각했다. 하지만 내가 깨달은 것은 나만 세상의 초보자가 아니었다는 것이다. 나도 스무 살을 처음 살고 있지만 엄마 아빠도 마흔일곱 살이 처음이겠구나. 엄마 아빠도 마찬가지고 어느 누구나 그 나이는 처음 겪어보는 것이라는 거다.

꿈을 좇아 가족과 떨어져 지낸 지 11년째다. 가족과 가까운 곳에 지내는 사람들이 부럽다. 요즘도 아주 가끔 그런 생각을 한다. 내가 지금 여기서 뭐 하는 것인가. 이걸 한다고 내가 행복한가. 소원을 빌 때면 항상 가족이 건강하고 행복하게 해달라고 비는데, 내 소원이 뭔 줄 알면서도 정작 나는 어디서 뭘 찾고 있는 걸까.

위로의 말

인영

 가끔은 '괜찮아, 힘내'라는 누군가의 따뜻한 위로조차 부담으로 다가오기도 했다. 침착하려 애를 쓰는 내게 건네어지는 위로의 말에 내가 '위로가 필요한 사람'으로 확정되는 것이 썩 아프게 느껴지곤 했으니까. 물론 나 역시 누군가에게 이기적이고 느닷없는 위로를 건네었던 적이 적지 않았을 것이다.

 위로는 분명 따뜻한 것이지만 내가 내 감정하나를 컨트롤 하지 못해 우왕좌왕하고 있을 때 '그게 뭐 어때서?'라는 식의 심드렁함이 내겐 훨씬 힘을 주는 편이다. 내가 닥친 상황이 어떻든 내가 어떤 결정을 하든 같은 자리에서 같은 눈빛으로 나를 바라봐줄 것만 같은 그런 종류의 위로.

 너조차도 네가 미워 스스로가 한심한 날에도, 날마다 나는 너를, 그래도 나는 너를 사랑한다고 말하는 따뜻한 숨결을 지닌 사람으로 소중한 이들 곁에 머물고 싶다.

모든 게 처음이라서

위로에 대하여

🙂 세윤

친구는 내게 위로를 기대했고 나는 노래 한 곡을 들려줬다.

나의 모든 말은 섣부르게 느껴졌고, 다른 사람의 벌거벗은 감정 앞에 내가 할 수 있는 건 생각보다 없었다.

시간은 약이 아니다. 치료되지 않은 상처는 시간이 지나면 곪는다.

누군가를 위로하는 것에 서투르다. 자신도 없다. 묵묵히 들어줄 뿐이다. 진심을 다해 곁에 있어줄 뿐이다.

시절

인영

　유년시절 내내 함께한 친구들이 있다. 아주아주 어렸을 적부터 서로가 곁에 있는 게 너무나도 당연했던. 엄마 셋 딸 셋. 우리는 목욕탕도 함께, 백화점도 함께, 나들이도 함께, 거의 모든 날을 함께 했다. 그리고 그런 날들은 영원할 줄 알았는데.

　이사를 가고 전학을 가고 직장을 다니게 된 긴 시간 동안 우리는 일년에 한 번 볼까 말까 한 사이가 되었고 서로의 안부조차 새삼스러울 만큼 많은 날을 흘려보냈지만 내 마음 언저리엔 늘 예진과 정연이 있었다.

　병원으로 가는 내내 발걸음이 무거웠다. 어떤 말을 어떻게 건네야 하는지 조금도 알 수가 없었다. 어른이 되었다고 생각했지만 위로는 내게 너무나도 어려운 것이었고 가늠조차 할 수 없는 누군가의 아픔을 대면하기에 나는 어리기만 했다.

모든 게 처음이라서

암 투병 중인 어머니를 간호하는 것은 그리고 아픈 엄마의 모습을 지켜봐야 하는 것은 지치고 고통스러운 일이었을 것이다.

나보다 4살이 어린 정연은 그 모든 일을 감당하고 있었고 밝은 모습으로 안부를 물어야 할지 눈물은 참아야 하는 건지 오만가지 생각으로 주춤거리던 내게 웃으며 다가왔다. 그 애의 웃음을 보는 건 분명 기뻤지만 그 웃음은 해탈에 가까운 것이라 나는 따라 웃을 수 없었다.

우리가 병원에 다녀간 지 일주일이 안 돼서 아줌마는 돌아가셨다. 그 후에 우리는 가끔 만나 옛날에 롤러브레이드를 타다 세 명이 차례대로 넘어진 일과 그 날 무릎 팍과 팔꿈치에 피가 나고 따가워도 노래방에 가고 싶어 엄마들에게는 아픔을 꾹꾹 숨긴 이야기를 깔깔거리면서 했지만 '엄마' 얘기가 나올 때마다 정연은 그렁그렁 맺힌 눈물을 흘리지 않으려 한참 동안 천장을 보느라 얼굴이 빨개지곤 했다.

예진은 '우리 계속 같은 동네에 살았으면 섹스앤더시티 주인공들처럼 맨날 같이 브런치도 먹고 쇼핑도 하고 재밌었을텐데' 하고 말하며 희미하게 웃었다. 약속없이도 만나던 우리가 약속조차 하기 힘들어진 사이가 된 것이 실감이 났다.

여전히 우린 아직 아무도, 아무것도 알 수가 없고 다시 1년에 한 번 보기도 힘든 사이가 될 것이고 그 당연했던 날들은 어디에도 없지만 나의 유년이 사무치게 그리워질 때 달려가 문을 두드릴 수 있는 이들이 있다는 것이 얼마나 큰 행운인지 나는 매해 착실히 배워가고 있다.

모든 게 처음이라서

▶ ‖
스웨덴세탁소 – 시절

그래 네 말처럼
행복하지 않을 이유는 없지
의연한 말투에 괜히
내가 자꾸 눈물이 나 미안해
나라는 존재가
너에게 위로가 될 수는 있는지
모든 게 어려워

그때의 우리 정말 아무도
아무것도 알 수가 없어서
영원이라고 믿었는데 그날들이
이렇게 흘러가 버릴 줄도 모르고
여전히 우린 아직 아무도
아무것도 알 수가 없지만
다시 그때로 돌아간 듯
마주한 날들에 난 네가 있어서 감사해

모든 게 처음이라서

안녕

인영

25살이 되던 해의 1월. 생각지 못했던 수입이 생긴 날이었고 그래서 기분 좋게 뷔페에 갔던 날이었다. 도저히 현실감이 없는 이야기를 전하며 울고 있는 친구의 전화를 받고 아득해지는 정신을 겨우 붙잡으며 검은색 옷을 입고 부랴부랴 KTX를 탔다.

멍하니 기차에 앉아 다 장난일지도, 거짓말일지도 모른다고 내내 생각했다. 그럴 리 없다는 걸 알면서도 그랬다. 다 장난이라도 괜찮으니까, 이렇게 감쪽같이 속인 거라도 괜찮으니까 모든 게 거짓말이라 말해달라고. 눈물도 나지 않았다.

대구에 도착해 병원으로 가던 중 아빠에게서 전화가 걸려왔는데 아빠는 목이 메어 말을 잘 잇지 못하는 내게 재차 무슨 일이 있는 거냐 물었고 나는 아무런 대답도 하지 못하고 전화를 끊어야 했다. '친구가 죽었어.'라는 문장을 내 입으로 도저히 뱉을 수가 없었기 때문이다.

 그제야 눈물이 났다. 여섯 글자로 정의된 이 일이 정말로 현실이 된 것 같아서였다.

 장례식이 익숙하지 않은 나와 오랜만에 본 친구들은 빨개진 눈으로 서로의 안부를 묻다 울기를 반복했다. 그 애는 급사했다. 자세한 원인은 모르고 자다가 죽어버렸다고 했다. 장례식장에 적힌 이름 세 글자가 마치 모르는 사람처럼 낯설어져 한참을 쳐다보았지만, 그 애가 죽었다는 사실은 변하지 않았다.

 며칠 후, 그 애가 산 어딘가에 뿌려졌다는 이야기를 전해 듣고 화장실로 달려가 마지막 인사인 듯 눈물을 쏟아냈지만 나는 남아있는 일을 끝마쳐야 했고 그러기 위해서는 밥을 먹고 씻고 옷을 갈아입고 정신을 가다듬어야 했다. 형광등 불빛이 어지럽게 일렁이는 것을 빤히 바라보다 다시 눈물이 났다. 매년 1월은 몸이 아릴 만큼 춥다.

모든 게 처음이라서

나쁜
채식주의자

🙂 세윤

　10년 전쯤인가, 우연히 들어간 서점에서 동생이 내게 생일 선물로 책을 주겠다며 골라 보라 하였고, 나는 고민 없이 손 앞에 있던 표지가 예쁜 초록색 책을 골라 들었다. 디자인만 보고 고른 책이기도 하고 제목을 보니 쉽게 읽을 엄두가 나지 않았다. 그래서 그 책은 한동안 내 방 어딘가에 파묻혀 있었다.

　어느 주말, 심심해서 괜히 책상 위를 뒤적거리다 그 책을 찾았다. 내 방에는 잠깐만 앉아도 허리가 아픈 빨간 소파가 있었는데 그럼에도 그 소파에 앉는다는 것은 스스로 집중하겠다는 뜻이었다. 나는 그 빨간 소파에 앉아서도 시작을 망설였다. 괜히 표지를 만지작거리고 빠르게 후루루 넘기며 종이 냄새도 맡았다. 목차와 저자소개도 읽고 드디어 첫 문장을 읽기 시작했다. 이 모든 준비 동작들이 무색해질 만큼 나는 한순간에 빠져 버렸다. 술술 읽기 시작했고 단숨에 반 이상을 읽었다. 그러다 현실의 배고픔에 책을 닫고 일상으로 돌아왔다. (마치 판타지 소설 속 상상의 세계에 있다가 현실 세계로 다시 돌아온 사람처럼) 그리고 그 책은 또 내 방 어딘가에 누워만 있었다. 삶에서 그 책을 잊고 지냈다.

  그즈음 좋아하는 언니들과 밥을 먹을 기회가 있었는데 메뉴를 고르면서 자신은 고기를 먹지 않는다고 하며 해산물로 만들어진 해물초면을 주문했다. 충격이었다. 태어나서 그런 문장은 처음 들어봤다. '고기를 먹지 않는다고?' 나는 바로 몇 달 전 읽던 그 책이 떠올랐고 머릿속이 고장 나버린 것 같았다. 그 책은 소설책이 아니라는 것을 깨달았다. 집에 가서 바로 그 책을 찾아들고 처음부터 읽기 시작했다. 두근거렸다. 곧장 마지막 장까지 다 읽었다. 방을 나와 냉장고를 열었을 때, 그 안에 닭의 알들이 들어있는 게 너무 이상하게 느껴졌다. 나는 그렇게 채식주의자가 되었다.

모든 게 처음이라서

처음에는 비건이었다. 한국에서 비건으로 생활하는 것은 꽤 난이도가 높았다. 비건은 동물에게서 오는 모든 식품을 먹지 않는 엄격한 채식주의자이다. 혼자 집에서 만들어 먹는 것은 그럭저럭 괜찮았었는데 밖에서 사 먹을 수밖에 없는 경우에는 곤란한 일이 아주 많았다. 김치에는 기본적으로 새우젓갈이 들어가고 국이나 찌개도 보통 멸치나 고기로 우렸기 때문에 조심해야 했다. 하지만 국물이나 갈아 넣은 것들을 실수로 먹는 일이 한 번씩 있었다. 먹으면서 고통스럽지는 않았다. 그래서 좀 더 관대한 기준을 만들기도 하고, 또 어떤 때는 다시 엄격하게 하기도 하고, 단백질 부족 진단을 받았을 땐 다시 관대하게 하기도 했다. 그 기준들은 단지 나와의 약속에 불과하다. 하지만 그 약속을 잘 지키면 동물들의 눈을 솔직하고 더 자신 있게, 사랑을 담아 바라볼 수 있다. (그러나 빤히 쳐다보면 동물들은 공격의 의사로 받아들이기 때문에 눈은 살짝만 보고 피하는 편이 낫다.)

공연을 하면 으레 뒷풀이를 한다. 뒷풀이는 꽤 중요한 것인데 많은 사람들이 공연을 함께 준비하면서 무사히 잘 끝냈음을 기뻐하고, 표현하지 못했던 고마움과 미안함도 식탁 위로 올리는 훈훈한 식사자리이다. '뒷풀이는 고기지!' 하는 말이 있을 만큼 (잠깐! 그런 말이 있나? 없어도 될 것같다.) 내겐 씁쓸하지만 뒷풀이에는 당연히 고기를 먹으러 간다. 사람들이 나 때문에 불편해할까 봐 나는 열심히 고기를 굽는다. 그 와중에 잘 굽는다. 나는 된장찌개와 공기 밥을 먹으면 된다. 그 정도면 감지덕지다. 내가 먹을 것이 전혀 없는 곳에서는 소주에 안주로 물을 마셨다. 지방 스케줄때 새벽에 연 곳이 없어서 어쩔 수 없이 국밥집을 가면 나는 옆 편의점에서 사온 컵라면을 먹었다. 공연이나 녹화 전 대기시간에 나오는 도시락도 고기 반찬이 큰 칸을 차지했기 때문에 김치와 김, 무말랭이로 밥을 먹었다. 그래도 나는 괜찮았다. 오히려 내 안에 무언가가 채워지는 느낌이었다.

채식을 시작한 지 1년이 넘었을 때 그걸 쭉 지켜본 우리 대표님도 드디어 나를 채식주의자로 인정해주셨다. (대표님은 내가 유행처럼 잠깐 하다가 말 거라고 생각하신 것 같다.) 우리 회사 회식이나 우리 단독 공연 뒷풀이를 회, 해산물 같은 걸로 준비해주시는 대표님께 진심으로 감동받기도 했다. 막상 나는 해산물을 즐기진 않지만 그렇게 해주셨다는 것은 나에게 아주 큰 의미이고 상징적인 일이었다.

채식을 지향한 지 거의 8년 째다. 나만의 간단하지만 복잡한 규칙들로 꾸준히 채식을 한다. 만족스럽게 행복하다. 내가 하루아침에 극단적으로 채식주의자가 된 이유가 궁금하다면 그 초록 책을 추천한다. 그 책은 채식을 하라고 하지 않는다. 다만, 살아있던 동물이 내 식탁까지 오게 되는 과정을 알려주는 것일 뿐이다.

그리고 그 책 속 할머니는 이렇게 말한다.

'중요한 게 아무것도 없다면, 지켜야 할 것도 없는 법'

* 동물을 먹는다는 것에 대하여 – 조너선 사프란 포어

Eating Animals – Jonathan Safran Foer

모든 게 처음이라서

나에겐
심각한 이야기

 세윤

"자외선 살균 소독기!"

내가 받은 선물 중에 제일 마음에 드는 걸 말해보라고 하면 머리를 거치지 않고 입에서 바로 나올 대답이다. (마음을 거쳐서 나올 대답은 당연히 우리 스웨덴세탁소 손님들이다. 선물 같은 존재!)

지금부터 할 이야기는 나에게 심각하다. 나는 안전 불안증이 있는 것 같다. 1도 뜨거워진 지구, 이상기후에서부터 팬데믹. 보이지 않는 병균들, 보이는 위험한 물건들과 상황들이 무섭다. 내방 책장에는 각종 자연재해, 위험 상황에서 살아남는 방법의 책, 응급처치법 책이 잘 보이는 칸에 꽂혀있다. 미세먼지가 무서워서 마스크 한 박스를 사놓았고, 사람들에게 소화기를 집들이 선물로 주고, 집과 차에는 호신용 삼단봉을 숨겨 두었다. 그리고 횡단보도에서 빨간불을 바라보며 초록불로 바뀔 때까지 각종 방법으로 내가 사고당하는 경우들을 생각하며 제일 안

다칠 것 같은 곳에 서 있는다. 큰 가방을 가져 다닐 때는 응급처치키트와 나침반, 맥가이버를 가져 다녔다.

내 눈에 보이는 모든 생명들이 아슬아슬하다. 뻣뻣하게 굳어버린 화분 속 올리브 나무, 조경용으로 콘크리트 사이 좁은 틈으로 욱여넣은 커다란 나무, 한쪽 눈을 제대로 뜨지 못하는 동네 고양이, 인도 위에 발 하나로 겨우 서 있는 통통한 비둘기, 아무렇지 않게 무단횡단 하는 사람.

그리고 몸에 대해 여러모로 생각해보면, 우리 몸은 정말 신기하다. 그중에 심장. 심장은 다행히도 내가 태어날 때부터 지금까지 계속 뛰고 있다. 그게 너무 신기하다. 한 순간도 멈춘 적이 없고 멈추면 큰일 나는. 생각해보면 너무 불안하지 않은가? 그래서, 적십자에서 한 달에 한 번 교육하는 응급처치 수업을 여러 번 들으러 갔다. 화상, 절단, 찰과상 같은 각종 응급상황에서 제일 먼저 해야 하는 처치방법과 기도에 뭔가가 걸렸을 때 하는 하임리히법,

심정지 때 하는 심폐소생술 등을 배웠다. (그럼에도 가장 바라는 것은, 그걸 쓸 상황이 없길) 모두에게 강력히 추천하는 수업이다.

  생명을 가진 것들이 경이롭다. 새들은 우리가 모르는 언어로 지저귄다. 벌은 꽃을 향해 가고 있는데 사람들은 지레 겁을 먹는다. 선반 위 스투키는 햇살을 향해 기울어졌다. 각자의 그 생명으로 살아가고 있는 것이 새삼스레 감동적이다. 세상에 있는 모든 생명을 존중하고 아낄 수 있도록 노력할 것이다.

달

인영

   나는 종교가 없다. 집안은 대대로 불교를 믿어오고 있고 중학교부터 대학을 다니는 10년 동안 찬송가를 배우고 성경을 공부했지만(우연히도 모두 기독교학교였다.) 딱히 절에도, 교회에도 나가지 않았다. 그래서 내 기도는 주로 '달'을 향한다. 다 커서 두 손을 간절히 모으고 '달님'으로 시작하는 기도를 하는 게 영 쑥스럽긴 하지만 요즘도 '슈퍼문이 떴다'는 기사를 보면 동그랗고 환한 달님을 보며 두 손을 모으곤 한다.

   언젠가 아주 많이 좋아하던 애가 있었는데 그 애는 내게 도통 관심이 없어 보여 속상한 날들을 보내던 중 보름달이 뜬 어떤 밤에 '아주 아주 귀찮아져도 좋으니 그 애가 저를 좀 좋아하면 안 될까요?' 하고 기도를 한 후부터 정말 거짓말처럼 그 애는 귀찮을 정도로 나를 좋아했고 그 일을 너무나도 신기한 경험으로 생각한 '그때의 나'로 인해 서른이 넘은 지금까지도 나는 '달님'으로 시작하는 기도를 하게 된 것이다. (그렇게 달을 맹신하는 마음으로 첫 타투는 달 모양으로 했는데 기도는 보름달에 하고 타투는 초승달로 해서 그런가 요즘엔 도통 효력이 없는 듯하다)

언제든 '달'을 보면 떠오르는 누군가가 있어서, 그 '누군가'가 사랑에 빠져 허우적대던 참 예쁘고 풋풋했던 나라서 달은 정말이지 내게는, 노래를 만들어낼 때 없어서는 안 되는 큐피드 같은 존재다.

남포갈비

🙂 인영

  수시에 떨어져 우울해 하던 날들을 지나 정시에 장학금을 타내며 대학에 합격했다. 엄마의 '고맙다'는 문자를 받고도 불합격 통보를 받아 울고 있는 친구를 달래느라 후다닥 핸드폰을 집어넣어야 했지만, 주말에 집 앞 남포갈비에서 조촐하게 축하 파티를 하며 기쁨을 누렸다. 남포갈비는 우리 가족이 온갖 종류의 다정함을 흩뿌려둔 곳이었다. 오빠의 수능 날, 졸업식, 내 수능, 내 졸업. 친척 중 누구의 입학 축하, 시험날 등 결과와는 상관없이 그동안의 수고를 격려해주는 자리는 늘 남포갈비였다.

  대학교 수업이 시작되던 3월은 쌀쌀했지만 나를 포함한 동기 친구들 모두 멋을 내느라 재킷이나 트렌치코트 같은 얇은 옷을 입고 다녔다. 속눈썹을 길게 붙여 멀리서도 눈을 깜빡이는 게 다 보이는 친구도 있었다. 우리는 서로의 미니홈피를 들락거리고 1인분에 2900원 하는 돼지고기를 먹으며 가까워졌다.

모든 게 처음이라서

금세 캠퍼스커플이 생기고 몇 학번 어떤 선배가 누구를 좋아한다느니 하는 소문이 매일 돌았다. 곳곳에 사랑이 있었고 엘리엇 스미스에 취해 한껏 아련한 표정으로 캠퍼스를 거닐던 시절이었다. (실은 엘리엇 스미스에 취한 내 모습에 취한 것이다)

 그즈음 만나던 남자친구를 내가 제일 좋아하는 곳이라며 남포갈비에 데려갔었다. 데이트하기에는 다소 불편한 곳이었지만 내 최고의 갈비를 그에게도 소개하고 싶어서였다. 긴장되는 마음에 평소보다 젓가락을 느리게 움직이며 몇 점 집어먹지 못한 내게 그는 '좋아한다더니 진짜 잘 먹네'하며 웃었다.

 나를 알아본 주인아주머니가 친구랑 오는 건 처음이네 하며 음료수 서비스를 챙겨주셔서 단골이라 자부하던 내 어깨에 힘이 실렸고 나중에 가족들이랑 다시 왔을 때 아주머니가 '남자'라는 단어는 빼놓고 전에 '친구'랑도 왔더라 하며 내게 눈짓하던 센스에 감탄해 나는 남포갈비를 더욱 좋아했다.

  남포갈비에 녹아있는 우리들의 다정함은 가게를 이전하는 바람에 생겨난 거리만큼, '왕'갈비라는 메뉴 이름이 무색하게 작아져 버린 갈비의 크기만큼 천천히 식어갔지만 나는 요즘도 오래 고민하던 숙제를 끝냈다는 기분이 들 때면 남포 왕 갈비의 달큰한 맛이 입안에 맴도는 것만 같다.

산책

🙂 세윤

하루에 한 번 이상은 꼭 산책을 해야 하는 강아지가 된 것처럼 산책을 한다. 나는 나를 산책시킨다. 목줄을 하듯 속옷을 입고 설레는 발걸음으로 길을 나선다.

목적지가 있는 걸음은 보폭도 넓고 빠르며 거침없는 편이다. 계단도 좋아한다. 긴 계단은 우연히 고강도 운동을 하는 기분이다. 게다가 원하는 곳까지 자동으로 갈 수 있다.

하지만 목적지가 없는 걸음은 넉넉하고 여유롭다. 햇살을 따라 걷기도 하고 집주변 골목골목 발길이 이끄는 대로 걷는다. 계절 냄새를 맡고, 바람을 한 올 한 올 느끼면서 사람들의 표정과 그림자의 모양을 본다.

산책을 하며 여러 가지 형태의 영감도 받는다. 음악적 영감은 물론이고 고민 정리도 잘 된다. 운 좋으면 해결도 하고, 미뤄왔던 결정에도 도움이 된다. 산책은 나의 사적인 낭만이다.

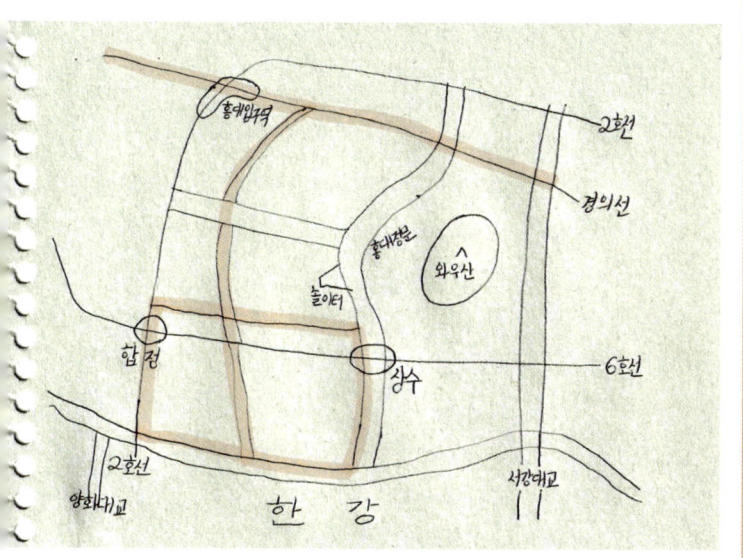

자주 가는 산책코스

모든 게 처음이라서

집

🧑 세윤

 아담하지만 보안이 잘 되어있고 지하철역과 가까운 신축 오피스텔, 오래된 건물이지만 페인트칠부터 마루, 싱크대까지 처음부터 취향에 맞춘 넓은 집.

 같은 가격에 스타일이 전혀 다른 집을 구하는 모습은 우리의 성격이 거의 반대라는 것을 간단하고도 명확하게 보여주는 예다. (나는 후자를 택했다.)

 서울에 온 지 8년 만에 드디어 혼자 살 집을 구했다. 스무 살부터 자취를 시작했지만, 룸메이트들과 살았었기 때문에, 오롯이 나 혼자만을 위한 공간을 내 스스로 찾고 결정한 건 처음이었다.

 집을 구하기 전에 도서관에 가서 이사 갈 동네의 역사책과 주거, 집과 관련된 책들을 훑었다. 집은 스무 개 정도 본 것 같다. 나는 이 과정에서 내가 까다롭지만 관대하고, 엉뚱한 것에 예민하다는 사실을 깨달았다. 갑자기 주변 사람들에게 미안해졌다. 반성의 시간을 잠깐 가진 뒤 내 조건을 정리했다.

나의 조건은 이렇다.

- 위치는 조용해야 하고 자연과 가깝고 동네 고양이들에게 잘해주는 곳. (성공)
- 그러면서도 도서관에 걸어 갈 수 있을 정도에 있어야 했다. (성공)
- 그리고 작업하는 방과 쉬는 방이 따로 있어야 한다. (성공)
- 나의 집 주인분들은 아주 멋진 분들이였고 옆에 사셨는데 여기서 지내는 동안 친해지고 싶다고 생각했다. (실패)

창밖으로 보이는 나무들의 푸르름에 마음을 빼앗겨 버렸다. 하루종일 창밖만 보고 있어도 즐거울 것 같았다.

계약 조건은 전체적인 집수리였는데 독일인이었던 집주인분을 따라 셀프로 하게 되었다. (독일에서는 셀프로 하는 수리가 흔하다고 한다.)

모든 게 처음이라서

집주인분과 함께 용산으로 벽과 문에 칠할 페인트 색깔을 고르러 가고, 밥 먹으면서 영화 얘기도 하고, 습도가 낮은 날 각자 친구들을 불러 페인트 칠도 했다. (내 친구로는 최인영이 뽑혔다!) 또 다른 집주인분의 친구분은 독일에서 한국으로 여행을 왔다가 성산동에서 배달음식을 먹으며 며칠 동안 페인트칠만 하는 상황이 펼쳐졌다. 을지로 인테리어 자재 상점을 들렀다가 평양냉면을 먹으러 가고, 또 다른 날은 가구 회사에 싱크대 나무 종류를 고르러 갔다. 우연히 거기서 일하는 주머니가 많은 바지를 입고 있던 내 친구 양갱을 만났던 그때는 잔잔하지만 여운이 긴 영화 같은 나날들이었다.

집 앞 낮은 산은 마치 나의 집이 '숲 속에 있는 별장' 같은 느낌을 주고, 지친 몸과 마음이 창밖을 보는 것만으로도 치유되는 것 같다. 끔찍이도 무더웠던 2018년 여름을, 에어컨도 없이, 얼린 2리터 짜리 생수병을 끌어안고 견뎠지만 나의 집을 몹시도 좋아한다. 싱크대 위, 페인트칠이 덜 되어 시멘트가 드러난 벽면을 바라보다 내가 이 집을 얼마나 아끼는지 생각해본다.

2018년 뜨거웠던 여름, 성산동에서.

뿌뿌와 나는 바람에 흔들리는 나무들만 하염없이 보며
앉아있는 시간이 많았다.
그리고 그것은 내가 사랑하는 시간이었다.

모든 게 처음이라서

고요

🙂 세윤

오랜만에 버스 안에 적막이 찾아왔다. 아니 적막이라기보다는 고요하다는게 더 잘 어울리겠다.

내가 좋아하는 구름이 살짝 있는 하늘에 별로 덥지 않은 여름. 버스 안의 사람들은 모두 자신을 향해있는 에어컨을 닫았다. 샤워 후 바른 은은한 로션 향이 나는 내 살갗의 냄새를 맡으며 턱을 괴고 창밖을 바라봤다. 나른한 눈은 산과 하늘의 경계를 따라간다. 내 옆으로 수채화 같은 풍경이 빠르게 스친다.

이 버스를 타기 참 잘했다. 앞쪽에는, 아무도 보지 않는 TV에 뉴스가 틀어져 있다. 소리는 들리지 않지만 분명 그들은 경멸의 눈을 하고 서로를 헐뜯고 있다.

나는 다른 세상의 사람인 척 애써 모른 체한다. 그리고 이 느낌을 뭐라고 부르는지 생각해본다. 보통의 행복, 기분 좋은 무기력, 어딘가 불안한 평온. 배가 고프지도 화장실이 가고 싶지도 않고, 덥지도 춥지도 않고, 급한 일도 없고 전화기엔 나를 찾는 사람도 없다. 이 순간이 영화라면 지금 좀비들이 공격해오면 딱 맞을듯한 느낌.

예전의 나는 어수선하고 시끌시끌한 분위기를 좋아하는 사람이었다. 내 방에는 하루 종일 너바나, 시규어로스, 퍼렐 윌리엄스 등의 음악이 흘렀다. 그것도 모자라 화장실용 블루투스 스피커로 온종일 음악을 틀었다. 피곤해서 귀에 이명이 들려도 내 뒤로는 항상 흐릿하게 BGM이 흘렀다.

이토록 나는 조용한 것과는 거리가 먼 사람이었다. 그런 나에게 잔잔한 공기의 평화로움을 알게 해준 사건이 있었다. 새로 이사 간 집 화장실에 선반을 달기 위해서 벽에 구멍을 뚫어야 했고, 집주인은 벽 뚫는 드릴을 가져왔다. 그리고 많이 시끄러울 테니 내게 공업용 귀마개를 쓰라고 하였다. 나는 아직 덜 푼 이삿짐 더미에서 3M 분홍

모든 게 처음이라서

색 귀마개를 찾아서 꼈다. 이전 집에 살 때 옆 건물 공사 소리 때문에 샀던 것이다. 벽을 뚫기 시작했을 때, 그 드릴 소리는 마치 고막을 뚫기 위한 소리 같았고, 연약한 귀마개 사이로 그 무서운 소리가 스쳐 지나와 청각신경까지, 내 스트레스를 담당하는 뇌까지 와서 꽂혔다. 그렇게 한참 뒤에야 드디어 벽에 구멍이 뚫렸다. 그리고는 새하얀 적막이 찾아왔다. 아니면 내가 잠시동안 귀가 안 들렸던 것일 수도 있다. 그런 경험은 처음이었다. 나는 알을 깨고 나온 무언가가 된 기분이었다.

  가만히 그 고요함을 온전하게 느꼈다. 그 고요는 어떤 음악 소리보다도 감미로웠다. 그 후, 조용히 앉아 고요를 듣는 날이 많아졌고 아무 소리도 듣지 않을 자유로움을 알았다.

우리의 행복 뽀뽀

스페셜장
우리의 행복
「뿌뿌」

탐구냥이 뿌뿌

엎드려서 뭘 그리거나
쓰고 있으면

우리 탐구냥이 뿌뿌는 꼭

공책 위에 앉는다.

너무 귀여워서 일을 미룬다(?)

뿌뿌

🧑 인영
🐱 뿌뿌

  – 500g의 작은 고양이가 우리 집에 오고 나서 나는 툭 하면 울곤 했다. 삐딱빼딱한 걸음걸이로 온 집을 휘젓고 다니는 게 예뻐서 눈물이 났고 조그만 동그라미 모양의 사료가 뭐가 그리 맛있는지 허겁지겁 밥을 먹는 뒷모습이 귀여워서 눈물이 났다. 또 어떤 날은 후다닥 화장실로 달려가는 모양이 기특해서 울기도 했다.

  뿌뿌를 사랑하는 내 감정은 부모님을 사랑하거나 연인을 사랑하는 것과는 또 다른 것인데 그 감정은 너무나도 서투르고 갑작스러워 감당하기 버거울 지경이다. 뿌뿌를 생각하면 자꾸만 겁나는 게 많아지고 걱정도 많아지지만, 이 작은 고양이의 존재가 내게 주는 것은 무한대의 것이라는 것을 나는 안다. 하루종일 마음을 괴롭히던 것들도 이 고양이의 사랑스러움 앞에서는 무력해졌고 신발을 벗는 순간부터 나는 소리내어 웃을 수도 있었다.

그렇게 바깥의 일들은 그저 바깥의 일로, 고양이의 온기가 가득한 이 집에서는 어두운 그림자들은 문밖에 남겨둔 채 나는 오롯한 행복 안에서 잠들 수 있다.

- 뿌뿌가 온 뒤로 윤이와 나는 부쩍 애교가 많아진 서로의 언행을 어이없어하는 중이다. 10년이 넘는 시간을 알고 지냈으나 보여줄 일 없던 서로의 애교를 보면 헛웃음이 터져 나오지만 나는 윤이가 '뿌양이야~'하고 뿌뿌를 부르는 소리가 좋다. 온 세상 모든 평화가 우리 집으로 찾아든 것만 같은 기분이야.

(뿌양이는 뿌뿌와 고양이를 합친 말로 즐겨 부르는 애칭이랍니다)

  — 뿌뿌는 개냥이라던지 무릎냥이는 아니지만, 꾸벅꾸벅 졸다가도 밥 먹는 우리를 따라 부엌으로, 일하는 우리를 따라 방으로, 그저 가까이에 있기 위해 오동통한 네 발로 자리를 옮기어 다니곤 한다. 그 조용한 움직임이 뿌뿌가 우리를 사랑하는 방식이라는 것을 온몸으로 느낀다.

  — TV를 보다 유명한 반려동물 훈련사가 12살 노견이 된 본인의 반려견이 훗날 강아지별로 떠날 때 '당신이 내 보호자라서 행복했다'는 말을 가장 듣고 싶다 하는 장면에서 윤이와 나는 한참을 울게 되었다. 빨개진 눈으로 멋쩍게 서로를 바라보다 '호르몬 때문인가?' 하고 웃었지만 아마도 나는 뿌뿌가 지금 행복하지 않을까 봐 겁이 났던 것 같다. 도저히 '적당히'라는 걸 모르는 내 마음이 뿌뿌에게도 애정으로 느껴질까.

우리의 행복 뿌뿌

- 요즘 뿌뿌는 말이 참 많다. 고양이는 야옹- 하고 우는 줄로만 알았는데 잠들기 전 고요히 누워 귀를 기울이면 가끔 끼룩끼룩 꾸르르 하고 울기도 한다. 그래서 나는 까만 밤, 캄캄한 방 안에서도 웃을 일이 생긴다.

- 무언가 그리거나 쓰고 있을 때 뿌뿌가 곁에 있는 게 좋다. 공책을 물어뜯고 놀긴 하지만 그래서 남겨진 이빨 자국도 좋아.

- 사랑해라는 말이 뱉어질 때의 온도를, 그 따스함을 믿는다. 그래서 뿌뿌가 우리를 바라보며 졸린 눈을 깜빡일 때 나는 거의 매일을 매 순간을 사랑한다고 말하고 있다.

― 뿌뿌를 세상에서 가장 행복한 고양이로 만들어주고 싶은 나의 진지한 결심은 자주 좌절됐다. 거의 20권에 달하는 육묘 관련 서적을 읽었음에도 우리는 모르는 것투성이였고 유튜브 속 집사들에게 배운 기술들 또한 뿌뿌에게는 하나도 작용되는 것이 없었다. 그런 우리의 서투름은 뿌뿌를 많이 괴롭혔지만 자그마한 이 고양이는 예외 없이 우리 곁으로 다시 와주었고 그건 한없이 뭉클한 마음이 들게 한다. 위로를 받는 쪽은 또 우리가 되었네.

― 엄마 아빠는 내가 고양이와 함께 살기를 선택한 것을 내키지 않아 하셨다. 알레르기로 고생할 나와 고양이의 날카로운 발톱 같은 것 그리고 너무 많은 마음을 줄 나를 걱정하셨던 거다. 그래서 내가 뿌뿌를 '내 딸'이라고 칭할 때마다 '우리는 고양이 손녀 둔 적 없다' 하고 으름장을 놓곤 하셨지만 내 이사를 도와주러 우리 집에 온 날, 멀뚱멀뚱 낯선 눈빛의 뿌뿌에게서 멀찌감치 떨어져 '할매랑 할부지 왔다~'고 작은 소리로 말 거는 모습을 나는 봤다.

우리의 행복 뿌뿌

– 19년 11월에 발매된 '내가 사랑하는 시간'이라는 노래는 뿌뿌가 우리에게 온 첫 여름의 어떤 날에 시원한 에어컨 바람 아래에서 요플레를 먹다가 곁에 잠든 뿌뿌를 바라보는 그 시간이 믿을 수 없을 만큼 행복해져서 만들게 된 노래인데 여행에서 돌아온 윤이가 기타로 이 노래를 완성해주었을 때 기뻐하던 내 모습과 자기보다 덩치가 훨씬 큰 '윤이 친구 기타'를 보고 등을 바짝 세우며 겁을 먹던 뿌뿌의 모습이 아직도 사진처럼 선명하다. 적당한 온도에서 맛있는 걸 먹으며 뿌뿌를 바라보는, 이제는 제법 서로의 존재가 익숙해질 만큼 쌓여진, 늘 그려보고 바라오던 시간. 잘 안겨주지 않는 내 작은 고양이를 그저 바라만 본대도 그 시간을 사랑해.

- 명료하게 결론이 나지 않는, 욕심인지 목표인지 모를 그 어딘가에서 헤매다가도 노곤하게 졸고 있는 뿌뿌를 바라보다 보면 삐뚤빼뚤 엉망으로 뭉쳐있던 생의 모양이 반듯한 모양으로 단순해진다. 아무에게나 주어지는 행운은 아닐 것이다.

- 뿌뿌는 매일매일 귀엽고 아주 심드렁한 애교를 부린다. 그 작은 머리가 정강이에 콩 부딪힐 때마다 심장이 녹을 것만 같아.

- 뿌뿌에게 하고 싶은 말로 이 페이지를 마무리하면 좋겠다는 의견을 듣고 하고 싶은 말을 떠올려보았는데 온 마음 다해 사랑한다든가 내게 와주어서 고맙다든가 하는 말보다 '미안하다'는 말이 가장 먼저 가장 많이 생각났다. 미안한 일들을 곱씹다 보니 자꾸만 주책 맞게 눈물이 나서 아무것도 쓸 수가 없다.

소파 위 뿌뿌

뿌뿌와 인영

우리의 행복 뿌뿌

#1
뿌뿌

🐱세윤
🐱뿌뿌

  엄마가 나를 낳은 나이가 된 나에게, 내가 아이를 낳으면 완전 다른 세상이 펼쳐지고 나의 세상이 넓어질 거라고 말씀하신 적이 있다. 그때 나는 농담으로 '그럼 아기만 있으면 되지?' 하며 얼른 낳아온다고 가는 시늉을 하면 사색이 되곤 했다.

  내가 반려동물과 함께하고 싶다고 생각했던 건 일곱 살 즈음에 '소원'이라는 단어를 알고, 두 손을 모은 채 눈을 꼭 감고 마음속으로 원하는 걸 비는 게 뭔지 배운 그 순간부터다. 소원을 빌 수 있는 순간마다, 예를 들어 보름달이 떴을 때, 생일케이크 초를 불기 전, 크리스마스 전날 잠이 들기 전, 별똥별이 연속으로 7개가 떨어진 그 순간에도. 항상 '제가 강아지를 키우게 해주세요! 꼭이요!'라고 했다. 이 소원은 무조건 반사처럼, 습관처럼 대학생이 되어서까지도 빌었던 것 같다. (그리고 소원은 말하면 안 이루어지니까 비밀로 하는 것까지도 철저하게) 성인이 되고 요즘

비는 소원은 달라졌지만 생각해보면 저 오랜 소원은 뿌뿌로, 결국에는 이루어졌다고 믿는다. 소원은 이루어진다!

뿌뿌를 키우면서 내가 몰랐던 정의 내릴 수 없는 수 많은 감정을 알게 되었다. 저 조그맣고 사랑스러운 털복숭이 친구는 차가운 도시에 사는 꽁꽁 언 나를 무방비하게 녹여버린다. 흔들리는 나뭇잎이, 창문 사이로 들어오는 햇살이 뿌뿌를 떠올리게 하고, 알 수 없는 뭉클함에 눈물이 날 정도로. 뿌뿌가 아니었다면 그런 감정이 존재하는지도 몰랐을 것이다.

아마 엄마가 아이에 대해 말했던 것이 이런 게 아니었을까. 엄마의 말을 아주 조금은 이해할 것 같다.

우리의 행복 뿌뿌

#2
뿌뿌

🧒 세윤
🐱 뿌뿌

어느 한 고양이가 이 세상에 믿을 거라곤 나 하나밖에 없는데, 딱딱한 바닥에 홀라당 누워서 졸음을 참는 뿌뿌를 보면 참을 수 없는 사랑스러움에 실없이 웃어버리곤 한다. 감히 이런 게 행복이라고 단언하면서.

뿌뿌에게는 항상 미안하다. 내가 너를 아프게 하는 건 아닌지, 괴롭게 하는 건 아닌지. 지금 행복한지. 나만 행복한지.

나처럼 적극적으로 호들갑 떨며 애정표현을 해주지는 않지만, 그저 나를 향해 앉아 커다란 눈을 천천히 깜빡거리며 나를 안심시켜준다.

뿌뿌야 무슨 꿈 꿔?

우리의 행복 뿌뿌

스페셜장

우리의 행복
「여행」

여행

🧒 세윤

영국 런던에서 버밍엄으로 가는 기차 안.

-그러니까 그게, 저번 판에서도 여기까지는 왔다는 거지.

-응? 저번 판?

-우리 인류 모두가 다 같이 궁극적으로 하나의 목표를 향해서 가는 거야. 근데 다들 뭘 위해서, 뭘 해야할지는 몰라. 예를 들어서 지구가 멸망하는 걸 막는다고 가정하면, 이유는 몰라. 지구를 향해서 날아오는 행성 때문일 수도 있고, 전염병일 수도 있고, 외계인의 지구 정복일 수도 있지. 어쨌든 지구의 인류멸망을 막는 게 하나의 최종적인 퀘스트인데 그걸 우리가 계속 못 막아서 다시 처음부터 하는 거지. 다시 시작하고, 다시 시작하고. 그렇게 반복해서 다시 삶을 살다 보니까 저번에 겪었던 장면이 어렴풋이 보이고, 또 보이고.

―그러면 사람들이 자꾸 같은 선택으로 같은 것을 하게 된다는 건가?

―아마도. 그런데 자꾸 같은 선택을 하는 거에 대해 또 생각해보면…. 어쩌면, 우리가 100살쯤 됐을 때 타임머신이 발명돼서 '우리의 25살로 가겠다.' 해서 온 게 지금인데, 우리는 미래에서 왔다는 기억을 못 해. 그래서 그냥 처음인 줄 알고 그대로 살고 있는 거야. 그래서 내가 생각한 게, 못해본 거 많다고 후회로 가득한 미래의 할머니인 내가, 과거로 온 나처럼 매 순간을 즐기면서 살고 싶다고 다짐한 거야.

―데자뷰 얘기하다가 여기까지 왔네. 내릴 때 안됐나?

윤이는 청개구리

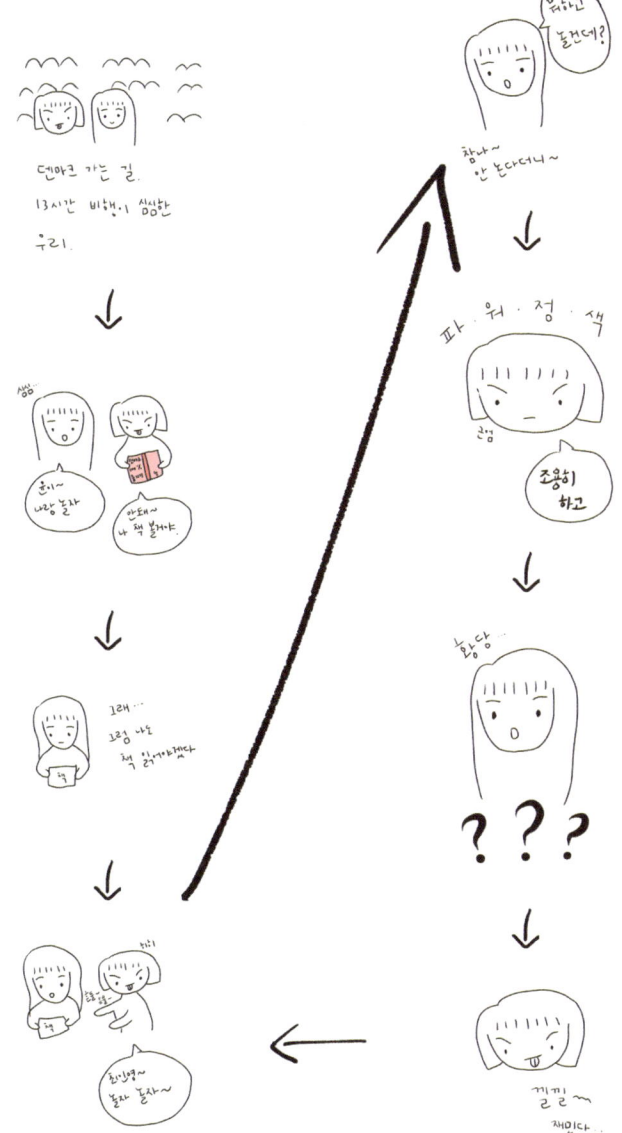

우리의 행복 여행

#1
여행

👄인영

  그 해 3주 정도 코펜하겐에 머물렀다. 숙소는 에어비앤비에서 고르고 고른 인테리어가 아주 멋진 집이었는데 막상 가보니 소파 위에 멋지게 장식되어있던 정체를 알 수 없는 러그나 눈길을 끌던 오브제 같은 것들이 동선에 방해가 되어 성가신 곳이었다. 무엇보다 수압이 약한 것이 불만이었지만 집을 나서면 바로 보이는 아늑한 앞마당과 코펜하겐의 가고 싶던 곳 모두를 걸어서 이동할 수 있는 위치라는 게 마음에 들었다.

  그때 나는 마땅한 이야기가 없었다. 목이 좋지 않아서, 그것에 너무 많은 에너지를 써서 다른 것을 살펴볼 여유가 없어서 어떤 이야기도 품지 못했다.

  그 때문에 이번 여행이 내게는 덴마크라는 낯선 나라에서, 안데르센의 기운이 스민 그곳에 가서 마음에 드는 곡 하나쯤 만들어 올 수 있지 않을까 하는 개인적인 흑심을 품은 여행이기도 했다.

#산책

여행지에서 나는 쓸데없이 용감해지는 편인데 길을 잃을 걸 알면서도 나서는 혼자만의 외출도 내가 낸 쓸데없는 용기 중 하나다.

여섯째 날쯤 혼자 나와 숙소 근처의 공원에 들러 산책을 했다. 걷기에 딱 좋은 날씨였다. 그곳엔 유난히 혼자 걷는 사람이 많았던 것 같다. 익숙치 않은 공기를 들이마시며 내 머릿속에 딱지처럼 눌러앉아 있던, 모른 척 외면하고 있던 문장들을 꺼내어보았다. 내가 노력해왔던 것들이 전부 부정당하는 것만 같은 그 아픈 말들.

구태여 그것들을 떠올린 이유는 이 여행의 끝에 조금은 다른 마음가짐의 내가 있길 바랬기 때문인데 그간 늘상 심각한 얼굴을 하고 '목이 안 좋아서요' 하고 말하던 내 모습이나 무대 위에서조차 불안에서 오는 예민함을 숨기지 못하는 내 태도가 곱씹을수록 못나서, 지나치게 진지하거나 실속 없이 무겁기만 했던 부담과 고민 같은 것들을 털어내고 그저 오선지를 팔락이며 용감하게 휘청거리던 기억 속의 나를 어느 정도라도 되찾기 위함이었다.

시간이 흘렀으니 어쩌면 훌훌 털어버릴 수 있을 만큼 내가 단단해져 있지 않을까 하는 생각도 조금 있었다. 덜 아파진 건 아니고 조금 더 잘 참는 방법을 알게 된 것뿐이지만.

산책하는 귀여운 강아지를 보며 잠깐 웃다가 잠깐 멈춰 서서 벤치에 앉았다. 신비한 마법 세계로 이어지는 연결통로가 존재할 것만 같은, 정말이지 하염없이 바라보고 싶은 아름다운 풍경이 눈앞에 있었다. 이 아름다운 곳에서 이렇게 아파야 한다니 억울한 마음이 들었다. 머리칼에 닿은 찬 공기가 내 안을 부드럽게 흩트려 놓는 듯한 기분이었다.

아름다운 것에는 그런 힘이 있었다. 넋 놓고 그곳을 바라보다가 이곳에 스스로를 갉아먹고 있던 것들 모두 두고 돌아 가야겠다고 생각했는데 갑자기 비가 오는 바람에 잘 놓고 왔는지 모르게 됐다.

우리의 행복 여행

호수 밑에 마법세계로 가는 연결통로가 있을 것 같다.

우리의 행복 여행

#인어공주

코펜하겐은 안데르센이 인어공주라는 동화를 쓰기 전부터 인어의 도시로 불리었다고도 하고 안데르센의 동화 '인어공주'가 크게 사랑받아 동상으로 기념했다고도 하는데 동상을 세운 이유야 어찌 됐든 구슬프게 앉아있는 그 자그마한 동상이 코펜하겐을 대표하는 것은 맞는 듯했다. 세계 3대 허무 관광지로 더 유명하다고는 하지만 어마어마한 관광객이 그를 둘러싸고 있었고 그 때문에 나는 종아리에 쥐가 나도록 까치발을 들어도 겨우 그의 머리칼 정도가 보일 뿐이었다.

가까이 가는 것을 포기하고 조금 더 멀지만 높은 곳에 올라가 그 동상을 바라보았는데 그의 뒤로 펼쳐진 드넓은 바다와 표정 없이 셔터를 눌러대는 수많은 사람들이 그를 더 외로워 보이게 했고 그래서 나는 한참을 그 동상을 바라보아야 했다.

일렁이는 마음으로 근처를 거닐다 그곳의 작은 교회에 가서 촛불에 소원을 담아 띄우기도 했다. 간절한 마음으로 신중하게 여러 번 기도했던 것 같은데 어떤 소원이었는지는 전혀 기억나지 않고 간절했던 기분만 남아있다.

우리의 행복 여행

우리의 행복 여행

#티볼리

내 꿈과 환상, 내 머릿속에 존재하던 원더랜드가 그대로 튀어나온 것만 같은 곳이었다 티볼리는. 아니 실제로 그렇다고 해도 이보다 아름답지는 않을 것 같아. 눈에 담기는 모든 것들이 버거울 지경이었다.

티볼리 안에서 나는 진심으로 행복했다. 티 없이 들뜬 모습의 아이들과 그걸 바라보는 따뜻한 어른들의 시선 그리고 고개를 돌릴 때마다 펼쳐지는 동화 속 같은 풍경이 내게 그런 충만함을 주었다.

그 안에 있는 나, 윤이, 민혁이. 그곳에서 함께 아이스크림을 먹고 놀이기구를 타고 구석구석을 누비던 발걸음들과 설명할 수도 없이 벅차오르던 마음. 코펜하겐에 머무르던 3주 동안 내가 얻은 최고의 에너지였다, 티볼리는. 그런 기억을 지닌 채 살 수 있다는 건 여행에서 얻을 수 있는 최고의 행운일 것이다. 한국으로 돌아와서 나는 '티볼리' 자동차만 봐도 기분이 좋아지곤 했으니까.

결론적으로 나는 덴마크에 다녀와서 그곳의 정취가 묻어있는 곡은 써내지 못했지만 '여행(dear)'이라는 곡을 만들었다. '안녕 아빠'로 시작하는 이 노래가 발매되고 엄마가 전화로 '이제 너의 고민이 엄마가 해결해주지 못하는 것들뿐인 것 같아 마음이 아프다'고 하는 바람에 부를 때마다 울컥하게 되는 노래가 되었지만.

내가 이 노래의 가사 한 줄 한 줄을 침착하게 적어 내려갈 수 있었던 건 아마 이 여행을 통해 혼란한 감정들을 어느 정도 정리할 수 있었기 때문이라고, 가사를 곱씹어보며 나보다 몇 배는 더 아팠을 아빠와 엄마에게 말해주고 싶다.

윤이의 남동생이자 든든한 여행메이트인 민혁이와 함께

눈길 닿는 곳마다 동화같은 티볼리

우리의 행복 여행

#2
여행

🙂인영

덴마크 여행의 마지막 날, 미술관에 갔다.

그곳의 작은 카페에서 윤이와 쓸데없지만 기억해두고 싶은 이야기들을 많이 나눴다. 아직도 우리가 이렇게 못다 한 얘기가 많다는 것이 새삼스러웠다.

맛없는 레몬 타르트를 억지로 입안에 구겨 넣으며 서로의 어릴 적 이야기와 앞으로 해야 할 일들 그리고 꿈꿔오던 것들에 대해 얘기하고 들으면서 지금 우리가 나누어 가진 조각들이 긴 긴 시간 동안 우리가 서로를 이해하는 것에 커다란 도움이 될 거라는 확신이 들었다.

솔직한 마음들은 문장으로 꺼내놓으려 하면 왜 이리 초라하고 볼품없는 것들뿐인지. 터놓으려 애를 쓰다가도 다시 입을 다물어 버리곤 했었는데 그날은 그 풍경에 취해서인지 참 많은 것들을 이야기하게 되었다.

윤이는 늘 자신이 위로에 서툴다고 얘기하지만 내가 꺼내어놓은 그 초라한 내 모습 내 감정 그대로를 그 자체로 받아들여 주는 담담한 그 애의 표정과 어조가 실은 내게 더없이 커다란 위로가 되었다는 것을, 자주 휘청거리곤 하는 나를 얼마나 단단히 붙잡아주고 있는지를 그 때 말하지 못해서 이곳에 적어둔다.

우리의 행복 여행

Q&A
스웨덴세탁소에게 물어보세요

Q. 갈등 없이 오래도록 같이 일하는 비결은 무엇인가요?

세윤

: 초반에는 많이 다퉜어요. 주로 사소한 일이었기에 원인이 기억나지 않을 정도예요. 지금은 서로의 끼니를 걱정해줄 만큼 가족 같은데 그럴 수 있는 것은 쌓아온 세월이 주는 서로에 대한 믿음인 것 같아요. 게다가 저는 최인영이 세상에서 제일 웃겨요. 그리고 (안 짚고 넘어가기엔 너무 중요한) 정확한 수익 분배.

인영

: 비결이랄 건 딱히 없는데 정말 많이 싸우고 화해하는 시간을 거쳤어요. 그 과정에서 서로가 정말 싫어하는 걸 알게 되고 그런 것들을 서로 조심하고 배려하다 보니 익숙해져서 이젠 부딪히는 일이 많이 줄었어요! 뭐 요즘도 가끔 다투긴 하지만 오래 두지 않고 얼른 사과하고 풀어버려요. 사실 저희는 서로가 너무 웃겨서 금방 화해하게 되는 것 같기도 해요.

Q. 하루 중 제일 행복한 시간은 언제 인가요?

세윤

:해보다 먼저 일어나서 아침 루틴을 하고 뿌뿌와 창가에 앉아 있을 때.

인영

:일과를 마무리하고 침대에 누워 L자 다리운동을 하는데요 그때 핸드폰으로 미뤄둔 웹툰도 보고 노래도 들어요. 거의 새벽 1시쯤 이런 시간을 가지는데 고요하고 생각 정리도 잘 돼서 좋아해요! 누워있어도 운동하는 기분이 들어서 왠지 뿌듯해지기도 해요.

Q. 어떤 곡을 만들 때 혹은 부를 때 제일 행복한 기분이 드는지 궁금해요!

인영

:그 때의 저에게 온전히 충실해 만든 곡을 부를 때가 좋아요. 대상이 구체화 되어서 감정적으로도 푹 빠지게 되는 것 같아요

Q. 해결하지 못한 것이 있으시다면 깨끗하게 세탁하고 싶으신가요?

세윤

: 아주 깨끗하게 지워지지는 않더라도 가볍게 한번 세탁하고는 싶어요. 꼭 새것처럼 깨끗할 필요는 없어요. 마침 안 지워지는 볼펜 자국이 있는 티셔츠를 입고 있네요.

인영

: 굳이 세탁하기보다는 못 본 척 잠깐 둘 것 같아요. 다른 일을 하다 문득 해결책을 찾게 되는 일도 종종 있더라구요!

Q. 요즘 최애 스웨덴세탁소 노래가 뭔가요?

세윤
: 여름밤! 고요 앨범! 밤 산책!

인영

: 솔직히···.저희가 가장 최근 작업한 노래들을 무한 반복해서 듣고 있어요. 모니터하면서 수정하거나 보완하고 싶은 부분을 찾아야 하는데 듣다보니 자꾸 감상을 하게 되어서..허허

Q. 저는 제 장례식 때 틀고 싶은 노래 중 하나가 'magical'이에요. 제가 없는 이 침묵이 언젠가는 노래가 되길 바라는 마음으로요. 혹시 여러분들도 노래를 고를 수 있다면 어떤 노래가 흘러나왔으면 좋겠나요?

세윤

:한참을 고민 해봤는데요, 저는 '바람'이요. 그리워서 가슴이 터져버릴 것 같아도 더 이상 만날 수 없는 상대를 저는 바람으로 생각하고 싶을 것 같아요. 그 존재가 내게 불어온다고요. 반대로 저도 그렇게 느껴질 수 있었으면 좋겠어요.

인영

:우선 영광입니다. 저도 역시 'magical'이 떠오르긴 하는데요, 저는 '시인'이라는 노래를 고를래요. 저에게 있어서는 가장 순수하게 사랑을 전하는 노래라서요!

Q. 서로에게 '난 이노래 들으면 너가 생각나!' 하는 곡이 있나요?

세윤

:<델리스파이스 - 고백> 제가 기타를 치며 즐겨 불렀던 곡입니다. 처음 도입부 가사가 '중1 때 까지 늘 첫째 줄에 겨우 160이 됐을 무렵'인데 그 부분을 부르자마자 '아직도 160 아닌 사람이 있다', '겨우라고 하지말라'고 욱하는 최인영이 생각나서 웃깁니다.

인영

:Wild cherry 의 'Play That Funky Music' 이요! 일단 윤이가 이 곡을 연주하는 모습이 뇌리에 깊게 박혀있구요 뭔가 정돈된 것 같으면서도 정신없는 느낌이 윤이와 닮았어요!

Q. 인영님께서 스세풍 노래가 아니라 다른 Rock, R&B 계열의 노래도 부르시는지 궁금해요!

세윤

:최인영과 처음 코인노래방을 갔을 때 R&B를 부르는 모습에 반했어요. 팀 초기에 데모 녹음을 할 때면 자기도 모르게 R&B 창법으로 부르기도 했어요. 그리고 재미로 랩도 해요!

Q. 슬픔이나 그리움, 속상함, 분노, 자신감 하락 등 어두운 마음을 이겨내는 방법이 궁금해요!

세윤

:이성적으로 생각하려고 노력해요. 그다음 별일 아닌 것처럼 넘겨버립니다. 그리고 고양이.

인영

:별로 좋은 방법이라고 생각하지는 않지만 저는 굳이 이겨내려고 애쓰기보단 얼른 다른 생각에 집중하려 해요. 그러다 보면 언젠가 별스럽지 않게, 대단하지 않은 일로 자연스럽게 받아들여지기도 하더라구요! 재빨리 집에서 나가 바깥공기를 쐬는 것도 추천드려요.

Q. 가장 마음에 드는 가사 한 구절 손글씨로 써주세요!

인영

:저는 '월화수목금토일'이라는 곡의 가사 중

그대의 짧은 콧노래도 바람에 날려가버릴까
두 손으로 꼭 잡아본아요

라는 구절을 가장 좋아해요! 사랑스럽지않나요?

세윤

:바람의 마지막 구절

나 보다도 그대가 더 행복하길 난 바래온 걸요

Q. 가사를 쓸 때와 책을 집필 할 때의 느낌이 어떻게 달랐을지 궁금해요!

세윤

: 가사는 흥얼거리면서 상상으로 써지기도 하는데 책은 저를 온전히 드러내는 거라 느낌이 완전히 달랐어요. 책이 좀 더 자연스럽고 솔직하게 다가가는 기분이에요.

인영

: 가사는 선율에 맞추다 보면 오히려 잘 풀릴 때도 있고 여러 곳에서 소재를 가져오기도 하는데 책은 너무 개인적인 이야기를 쓰다 보니 오해를 살만한 문장은 없는지 두렵기도 하고 가사랑 너무 다른 느낌이라 어떻게 비춰질지 걱정도 많이 됐어요. 훨씬 낯설고 어렵고 혼란스러웠지만 시간이 흐른 뒤에 보면 앨범을 발매한 것과는 또 다른 성취감이 있을 것 같기도 해요!

Q. 특별히 기억에 남는 공연이 있나요?

세윤

:매 공연이 기억에 남지만 특히 감명 깊었던 공연은 저희의 첫 단독 공연이에요. 오직 저희만 보러와 주셨다는 게 믿기지 않았고 눈빛들이 따뜻해서 뭉클했습니다.

인영

:아직도 잊혀지지 않는 공연은 홍대 놀이터에서 열린 플리마켓 행사 때 무대 바로 옆에서 소주를 잔뜩 드시고 노래를 부르시며 춤을 추던 아주머니에게 모든 이목이 집중되어 식은땀을 흘리며 '입맛이 없어요'를 불러야 했던 날이에요! 그때 공연 경험도 별로 없어서 '어떻게 우리에게 다시 집중하게 만들 수 있을까' 생각하면서도 저 역시 자꾸만 그분에게 눈길이 가는 바람에 곤혹스러웠거든요. 그리고 솔직히 모든 단독공연이 특별해요! 공연 시기와 공연장, 공연 컨셉부터 그때 입었던 옷까지 다 기억하고 있거든요.

Q. 처음이라서는 아이의 성장을 회상하며 앞날을 기원해주는 메세지인데 아직 어리신 두 분의 작업과정이 궁금해요!

세윤

: 가사를 쓰는 과정에서 부모님이 주신 편지를 여러 번 다시 볼 때마다 눈물을 글썽거리며 작업했어요. 이 곡을 작업하는 내내 울음을 참느라 어려웠어요. 보통은 곡 작업을 끝내고 100번 넘게 모니터를 하는데 이 곡은 발매된 지 5년도 넘었지만 지금도 잘 못 들어요.

인영

: 책의 본문에도 살짝 적혀있지만, 부모님께 받은 편지와 나눈 대화들을 가사로 적어낸 것이에요. 멜로디에 맞춰 정리한 건 저희지만 근본적인 내용은 부모님이 쓰신 거나 다름이 없어서 저희도 작업하고 녹음하면서 울음을 참아내느라 혼난 기억이 나요.

**Q. 제목을 먼저 정하고 작업을 하는지,
작업이 끝난 후에 제목을 정하는지 궁금해요!**

세윤

:제목이 먼저 있으면 전체적인 곡의 분위기나 컨셉을 잡기에 수월해요. 제목이 없으면 발매 전까지도 여러 가지 제목들을 지어보면서 몇 날 며칠을 고민하게 돼요. 제목이 중요한 만큼 짓기가 제일 어려워요.

인영

:거의 반반인 것 같아요! 제목을 나중에 정하는 경우에는 곡을 쓰는 것보다 제목을 정하는 것에 더 많은 시간을 쏟는 것 같아요.

**Q. 음악을 하면서
　　　가장 행복했던 순간은 언제인가요?**

세윤

:저희가 만든 곡들을 소중히 마음으로 들어주실 때.

인영

:우리가 만든 노래들이 누군가에게 힘이 되었다는 사실을 전달받았을 때 세상에서 가장 행복한 사람이 됩니다!

Q. 노래 가사나 멜로디에 대한 영감은 어디서 얻는 것인가요?

세윤

:자연 속에서나 강렬한 이미지 속에서 영감을 받아요. 그리고 그것들을 잘 적어두면 또 다른 영감이 돼요. 산책이나 샤워할 때도 여러 가지 영감이 떠올라요.

인영

:불현듯 떠오를 때도 있지만 메모를 정말 많이 해요! 그날의 기분이나 생각, 예뻐보이는 것 이상해 보이는 것 등 잔뜩 적어두고 골라 쓸 때가 많아요. 단어 하나로 한 곡을 만들게 될 때도 있어서 일단 다 메모장에 남겨두어요. 그리고 활동을 하면서 계속 곡을 써야 했기 때문에 사소하고 일상적인 것들도 다르게 관찰하려고 애쓰고 있어요.

Q. 한 곡이 나올 때까지의 과정이 궁금해요!

인영

:우선 낮에는 곡이 잘 안 써져서 밤까지 기다립니다(?) (사실 좀 아날로그식이긴 한데)오선지를 펼치고 앉아요. 메모장을 뒤적이며 쓰고 싶은 단어나 문장이 있는지 찾거나 어떤 분위기의 노래를 쓰고 싶은지 상상해 흥얼거

리다가 마음에 드는 게 있으면 오선지로 옮겨요! 그런 다음 피아노 앞에 앉아 연주하며 노래한 것을 음성 메모로 남기고 들어보면서 가사나 멜로디를 손보고 어느정도 마음에 들면 공책을 끌어안고 윤이에게로 가요!

세윤

:(제가 비트를 먼저 쏠 때도 있지만) 스웨덴세탁소 대부분의 곡은 최인영이 수줍게 공책을 들고 제 앞을 기웃거리다, '나 곡 썼어.' 라고 하면 시작됩니다. 그러면 저는 얼른 기타를 잡고 함께 불러보면서 어떤 곡인지, 분위기가 어떨지 상상을 해봅니다. 그리고 로직 (음악 시퀀싱 프로그램)을 열어 구성을 짜며 편곡을 시작합니다. 주로 기타나 피아노로 주반주를 깔고 그다음 드럼, 베이스, 신스 순으로 작업을 하는 편입니다. 그동안 최인영은 2절 가사를 쓰거나 브릿지 멜로디를 만듭니다. 편곡이 어느정도 끝나면 그대로 데모보컬 녹음을 합니다. 가사와 멜로디가 잘 들리게 믹스를 하여 바운스를 합니다. 데모곡 제목은 임시로 지을 때가 많습니다. 이렇게 여러 곡을 모아 대표님께 들려드립니다.

Q. 작업을 하다가 잘 안 풀릴 때 어떻게 하나요?

세윤

: 작업을 하다가 막힐 때 계속 붙잡고 있으려 하지 않고, 전혀 다른 것을 하며 의외의 곳에서 힌트를 많이 얻어요. 부작용은 그 전혀 다른 일이 너무 흥미로운 나머지 해야 될 작업을 까맣게 잊어버리게 되는 거에요.

인영

: 머릿속으로 계속 잘 풀리지 않는 구절의 멜로디를 흥얼거리면서 걸어 다녀요. 그래도 잘 안 써지면 그냥 영화를 보거나 친구를 만나 수다를 떨면서 머릿속을 좀 환기시키면 의외로 쉽게 풀어지기도 하더라구요!

Q. 혼자서 가는 힐링 장소가 있나요?

세윤

: 처음으로 딱 떠오르는 곳은 창원, 가족이 있는 집이 생각나고요. 자연에 둘러쌓이고 싶다는 생각에 나무들을 찾아다녀요. 요즘 자주 가는 곳은 공민왕사당, 와우산, 한강이에요. 그리고 행복은 멀지 않아요. 뿌뿌 옆으로 가요.

인영

:일단 가족들이 있고 뿌뿌가 있는 '집'이 저에게는 가장 힐링 되는 장소이지만 집이 좀 답답하게 느껴질 때에는 무작정 버스를 타요! 목적지 없이 버스를 타고 아무 데나 내려서 그곳을 조금 걷기도 하고 근처 맛집을 찾아보고 빵이나 간식 같은걸 사서 집으로 가면 기분이 좀 나아져요!

내가 가진
　　　직업

🫢인영

　나는 취기 없이는 절대 노래하지 않는 엄마와 '불후의 명곡'이나 '가요무대' 같은 프로그램을 보며 TV 속 가수보다 훨씬 큰 목소리로 노래를 따라 부르는 아빠 사이에서 자랐다. 특히나 보수적이고 겁이 많은 엄마는 내가 '스웨덴세탁소'로 거의 5주년을 맞이했을 때까지도 경찰공무원시험을 볼 생각이 없는지 물었고 아빠는 내 노래가 전혀 자신의 취향이 아니라고 굳이 내게 말해주며 '도롯도'(트로트-실제 아빠의 발음이 저렇다. 왜 저런 발음이어야 하는지 나도 이유는 모른다.)를 써 볼 생각은 없느냐고 재차 묻곤 했다.

　내 10대는 에릭 클랩튼과 퀸을 좋아하던 아빠의 취향보다는 H.O.T의 열혈 팬이었던 옆집 언니의 영향을 받아 신화와 SES의 노래를 그리고 매해 유행하던 아이돌 가수의 노래를 착실히 외우느라 바쁘게 지나갔고, 음악 시간을 싫어하는 애들을 이해할 수 없다는 듯 어깨를 으쓱거리거나 '특기'란에 '피아노 치기'를 자신 있게 써넣음으로 음악과 나의 친밀도를 티 내지 못해 안달이었다. 또 8분음표나 높은음자리표 모양의 귀걸이를 사고 스코어가 그려진 샤프나 연필을 죄다 나를 위해 만들어진 양 사 모으곤 했는데 지금 생각해보면 그게 그때 내가 음악을 사랑하는 방식이 아니었나 싶다. 지금은 괜히 쑥스러운 마음에 과장된 몸짓으로 그런 물건들을 피해 다니지만. (그래도 선물 받는 건 다른 의미로 좋다. 그런 걸 보고 내 생각을 했다는 건 그 사람에게 내가 조금은 괜찮은 음악가로 떠올려진 것 같은 기분이 들기 때문이다. 나도 뭐든 기타가 그려진 걸 보면 윤이에게 선물하고 싶으니까)

아무튼 내가 전혀 다른 취향의 부부 사이에서 자라나 가지게 된 이 '직업'은 보여지기엔 제법 멋진 직업이라는 것은 분명한 사실이다. 실상, 이 직업도 내 경우엔 거북목에 시달리며 수정에 수정을 거듭하는 일이고 세수도 하지 않은 눅눅한 얼굴로 깜찍하기 그지없는 노래를 쓴다든가, 거지같네! 어이없네! 같은 험상궂은 말을 나중에 아련한 가사로 바꿔치기한 적도 있지만 그런 것은 내 방 작업실에서만 음흉하게 이루어지는 일이고 또 여러 사람의 도움을 받아 그럭저럭 잘 포장되어지기 때문이다.

치열하게 고민하거나 지나칠 만큼 최선을 다한다고 해서 인기 있는 앨범이 만들어지는 것도 아니고 지독한 짝사랑의 마음으로 오선지를 아련하게 바라보는 날들의 연속인 데다 더러워진 마음을 깨끗하게 세탁해주고 싶다는 포부를 내걸고도 내 마음 하나 어쩌지 못하는 현실에서, 거짓말 같아 보일지도 모르지만 나는 진심으로 이 직업을 사랑하는 중이다.

곡이 안 써진다고 눈물 바람으로 방바닥에 누워있다가도 '사극 느낌 노래 써보고 싶다'고 중얼거리며 자리에서 일어나는 내가 좀 어이없게 사랑스럽기도 하고. 챙이 큰 모자를 쓰고 기하학적인 무늬의 원피스를 입는 것으로 '뮤지션'이나 '아티스트'처럼 보이기 위해 애를 써가며 내가 음악을 해야 하는 이유나 의미를 찾기 위해 그리고 그걸 좇아야 한다는 생각에 조바심이 날 때도 있었지만, 이제 그런 것은 구태여 찾지 않으려고 한다. 내 스스로가 우리 '스웨덴세탁소'의 음악을 가장 떳떳하게, 가장 많이 사랑한다는 사실만으로 그 의미는 충분하지 않나 싶다. 한없이 다정한 마음으로 우리 노래를 들어주고 기다려주는 사람들이 존재한다는 벅찬 행운 또한.

요즘 곡을 아주 많이 쓴다. 매일같이 내 전부를 바쳐가며 곡을 쓰는 것은 아니지만 정말로 작곡이 재미있다. 엄마 아빠한테는 '일한다'고 하며 힘든 척을 하지만 나는 정말 재밌게 하는 중이다.

2020

🧒 세윤

2020년을 살아 낸 나에게 스스로 칭찬을 해주고서 2021년 스케줄러를 사기로 마음먹었다.

2020년은 내가 상상한 희망적인 미래도시의 모습은 아니었지만 잠시 나를 돌아보고 정비하고, 가족을 걱정하고, 주변 사람들을 걱정하고, 한없이 힘없는 인류를 걱정하고, 지구를 걱정한 한 해였다. 숨이 벅차게 어디로 가는지 나조차도 모른 채 흘러온 시간을 멈추고 잠깐 숨 고르기 하는 중이라고 곱씹었다.

2021년 새 스케줄러 첫 장을 펼쳐, 큰 포부를 일곱 글자에 담았다.

즐겁게 살아남기.

Epilogue

🧑 세윤

  혼자서 비밀스런 일기와 낙서 같은 글들만 쓰곤 했어서, 내 글이 다른 사람들에게 보여질 거라 생각하니 두려웠어요. 호기롭게 시작했지만 역시나 정리되지 않은 생각들과 수많은 말들을 글자로 표현하는 것은 어려웠습니다. 글을 쓰면서 평소에 취미처럼 하는 생각들을 들킨 것 같아서 부끄럽기도 하고, 몇 년 전에 썼던 일기에서 일부를 가져오면서 이때는 이런 생각도 했었나 했고, 예전의 '나'를 다시 촘촘히 떠올려보면서 추억에 빠지기도 했어요. 제가 부족해서 이상한 말을 했다면 잊어주세요. 물론, 응급처치수업은 추천입니다.

  저는 책 내용이 기분 좋게 마음에 들어서 이렇게 끝내기는 싫을 때, 아쉬워서 마음속으로 앵콜을 외치며 뒷장을 넘겨 에필로그를 봅니다. 여러분들은 어떻게 읽으셨을지 모르겠지만 '저런 사람도 있구나'하며 가볍게 봐주셨으면 좋겠습니다.

책이 나오고 내 손에 만져질 때 또 아쉬운 부분이 보이겠지만 이 모든 과정들 자체로 저에게 의미 있는 시간들이었어요. 이런 행운을 선뜻 제안해준 딥앤와이드 대표님들께 고맙단 말과 미안하다는 말을 전하고 싶어요. 그리고 마지막으로 여기까지 읽어주신 여러분들에게 진심으로 감사드립니다.

마지막 인사

Epilogue

인영

10년이 넘는 시간 동안 거의 매일 일기를 써왔고 밴드 활동을 하면서 70곡이 넘는 노래의 가사를 썼지만 제가 쓴 이야기들로 책이 만들어진다는 게 무겁게 다가오더라고요. 흑역사가 될 것만 같은 두려움도 여전히 존재합니다.

그럼에도 블로그에 반려묘 '뿌뿌'에 대한 이야기와 영화 이야기를 적기 시작했을 때 '블로그 오래 해주세요, 제가 가장 사랑하는 시간이거든요' 하고 다정히 말해주던 분들과 딥앤와이드 대표님 두 분이 기죽은 저희에게 끝없이 쥐어주시던 용기로 겨우겨우 끝맺게 되었습니다.

책상 앞에 안경을 쓰고 앉아 아이스 커피의 얼음을 부득부득 씹어가며 난리를 친 것에 비해 평범한 이야기들로 겨우겨우 책 한 권 분량을 채워냈지만, 그동안 잊어버리고 지냈던 여러 명의 '나'를 만나 즐겁고 아프고 고마운 시간이었습니다.

이 '책 한 권 분량'의 이야기들은 누군가를 위로하기 위해 쓴 것도 아니고, 정보를 전달하거나 어쭙잖은 조언을 담기 위함도 아니고 그저 제 지나온 시간들에 대한 기억을 나열한 것에 불과하지만 적당히 무료한 시간을 보내는 누군가에게 수다 떨 듯 적당히 즐겁게 읽혀진다면 좋겠습니다.

마지막 인사

우리가 있던 시간

초판 발행	|	2021년 04월 20일
글	|	스웨덴세탁소
표지	|	Maria Lee (@savethemint)
펴낸곳	|	Deep&Wide
발행인	|	신하영 이현중
편집	|	신하영 이현중
도서기획	|	신하영 이현중
주소	|	서울특별시 마포구 성미산로1길 21 사울빌딩 302호
이메일	|	deepwidethink@naver.com
ISBN	|	979-11-91369-12-0

이 도서의 국립중앙도서관 출판예정도서목록(CIP)은 서지정보유통지원시스템(http://seoji.nl.go.kr)과 국가자료종합목록시스템(http://www.nl.go.kr/kolisnet)에서 이용하실 수 있습니다.

© Deep&Wide, 2021

파본은 구입하신 서점에서 교환해 드립니다.
이 책은 저작권법에 의하여 보호를 받는저작물이므로 무단 전재와 복재를 금합니다.